Cornelia Adam

BROT BACKEN

SCHNELL UND EINFACH MIT DEM BROTBACKAUTOMATEN

Über 100 Rezepte
für jeden Tag

WILHELM HEYNE VERLAG
MÜNCHEN

HEYNE KOCHBUCH
07/4761

Wir danken der Firma Unold AG für die freundliche Unterstützung.
Darüber hinaus danken wir der Firma Aurora Mühlen GmbH,
die uns die Farbfotos für den Innenteil zur Verfügung gestellt hat.

Umwelthinweis:
Dieses Buch wurde auf
chlor- und säurefreiem Papier gedruckt.

Originalausgabe 06/2004

www.heyne.de
Printed in Germany 2004
Umschlaggestaltung: Atelier Seidel, Neuötting
Umschlagillustration: Stockfood/Harry Bischof
Innenillustrationen: Aurora Mühlen GmbH
Layout: Ursula Maenner
Satz: Leingärtner, Nabburg
Druck und Bindung: RMO, München

ISBN 3-453-88132-X

Inhalt

Einleitung

Naturgeschenk Brot

»Brot ist ein wertvolles Geschenk der Natur, das durch kein anderes Nahrungsmittel zu ersetzen ist«, sagte der französische Agronom Antoine-Auguste Parmentier schon im 18. Jahrhundert und seine Worte haben bis heute ihre Gültigkeit behalten. An Brot überisst man sich nicht, es gehört einfach dazu, zum Frühstück, zum Mittag- und Abendessen, den ganzen Tag über, das ganze Jahr hindurch, eigentlich ein Leben lang. Brot ist ein Synonym für Nahrung überhaupt. So kommt das »tägliche Brot« schon in der Bibel vor.

Doch Brot ist nicht gleich Brot, es gibt inzwischen zahllose Varianten, aber auch sehr unterschiedliche Qualitäten. Vom konfektionierten Supermarktbrot aus einer Massenproduktion bis hin zum traditionell gebackenen Holzofenbrot vom Bauernmarkt. Für gutes Brot nimmt man gerne einen längeren Weg in Kauf, ist bereit, sich in eine Warteschlange einzureihen. Mehr denn je sind hochwertige Lebensmittel gefragt. Dafür zahlt man dann auch gerne mehr, denn Qualität hat eben ihren Preis.

Wer hervorragendes Brot zu einem relativ günstigen Preis möchte, kann sein Brot selbst backen. Vieles spricht dafür: Man weiß, was drin ist, kann mit neuen Kreationen für Abwechslung sorgen und sich manchen Euro sparen, ohne auf erstklassige Qualität verzichten zu müssen. Früher war das Brotbacken eine richtig aufwändige Angelegenheit, deshalb ist es auch für längere Zeit etwas in Vergessenheit geraten. Seit es aber Brotbackautomaten gibt, liegt selbst gebackenes Brot wieder voll im Trend. Das erklärt sich durch die kinderleichte Handhabung des Automaten. Und wenn dann der Duft von frisch gebackenem Brot durch das Haus zieht, läuft einem schon fast das Wasser im Munde zusammen.

Wir haben klassische, kreative und süße Brotrezepte für Sie ausgedacht und ausprobiert. Ganz sicher entdecken Sie für sich und Ihre Familie Ihre Lieblingssorten. Außerdem finden Sie in diesem Buch Rezepte für leckere Aufstriche und Ideen für Gerichte, bei denen Brot die Hauptrolle spielt. Viel Spaß beim Backen und Genießen.

Ihre Cornelia Adam

Brot selbst backen: Mit dem Backautomaten ein Kinderspiel

Es geht nichts über selbst gebackenes Brot. Erstens kann man die Qualität der Zutaten bestimmen und sie zum Beispiel im Reformhaus oder Naturkostladen kaufen. Zweitens hat man die Möglichkeit, auch ausgefallenste Kreationen auf den Tisch zu bringen, die man garantiert nicht so schnell beim Bäcker um die Ecke findet. Drittens muss man für die erstklassige Qualität nicht ganz so tief in die Tasche greifen. Bei so vielen Vorteilen versteht es sich von selbst, dass das Brotbacken immer beliebter und für manche sogar zum Hobby geworden ist. Und ganz besonders, seitdem es Backautomaten gibt. Kein mühsames Teigkneten oder langes »Gehen lassen« mehr, die Zutaten kommen einfach in den Automaten, man stellt das Programm ein und holt nach kurzer Zeit das fertige Brot heraus. Das Backen im Brotbackautomaten geht so einfach und mühelos, dass sich so mancher, der eigentlich nicht gerne bäckt, zum wahren Backprofi entwickelt hat.

Ein Automat, der backen kann

Brotbackautomaten gibt es in unterschiedlichen Ausführungen und Preislagen, doch das Prinzip ist bei allen Modellen ähnlich. Es gibt einen aufklappbaren oder abnehmbaren Deckel, der meistens mit einem Sichtfenster versehen ist. Öffnet man ihn, sieht man den

Backbehälter, an dessen Boden die Knethaken angebracht sind. Mit Hilfe von Metallbügeln lässt sich der Behälter herausnehmen. In diesen Behälter werden die Backzutaten gefüllt, immer zuerst die flüssigen, dann die festen Bestandteile. Dann stellt man je nach Brotsorte das Programm entsprechend ein. Das Brot wird gebacken und der Automat kündigt durch einen Signalton an, wenn es fertig ist.

Wichtige Infos zum Backen mit dem Automaten

- Alle Backzutaten sollten von bester Qualität sein und nach Möglichkeit Raumtemperatur haben.
- Zutaten wie Salz, Zucker, Käse, Früchte etc. immer mehr am Rand verteilen.
- Wenn flüssigkeitshaltige Zutaten untergemischt werden sollen, wie Gemüse, Früchte oder Käse, sollte die angegebene Flüssigkeitsmenge entsprechend reduziert werden.
- Prüfen Sie immer nach, ob die Knethaken fest im Behälter sitzen.
- Halten Sie die Mengenangaben exakt ein: Geben Sie die genau abgemessenen Zutaten, wie in den Rezepten beschrieben, in den Behälter. Zuerst die flüssigen (Milch, Wasser, Saft etc.), dann die festen (Mehl, Nüsse etc.) und zum Schluss Hefe und Zucker. Verwenden Sie frische Hefe, können Sie in die Mitte des Teiges eine kleine Mulde drücken, das ist aber nicht unbedingt nötig.
- Jetzt wird der Deckel des Automaten geschlossen und der Stecker in die Steckdose gesteckt.
- Nun wird das gewünschte Programm eingestellt und das Brot gebacken. Falls Sie nur den Teig zubereiten und ihn dann als Kleingebäck oder Kuchen weiterverarbeiten und im Ofen backen möchten, müssen Sie ihn nach dem Signalton herausnehmen. Dann können Sie den Teig nach Belieben formen.
- Zutaten wie Nüsse, Sonnenblumenkerne, Zitronat etc. können auch erst nach Ertönen des zweiten Signaltons zugefügt werden.

- Keine Angst, wenn während des Backvorgangs Dampf aus dem Gerät strömt, das ist völlig normal.
- Nach Beendigung des Backvorganges die Form aus dem Automaten heben. Vorsicht, sie ist sehr heiß: immer dicke Topflappen oder ein dickes Küchentuch verwenden! Das fertige Brot herausstürzen und auf einem Gitterrost abkühlen lassen. Die Knethaken mit einem Messer herausschneiden.
- Lassen Sie das Brot ganz auskühlen, bevor Sie es aufschneiden.
- Das Brot eignet sich auch zum Tiefkühlen. Schneiden Sie es in Scheiben und verpacken Sie es portionsweise. So können Sie eine Mischung unterschiedlicher Brote zusammenstellen.
- Zum Reinigen sollte das Gerät vollständig abgekühlt sein. Dann die Backform herausnehmen und mit einem feuchten Tuch abwischen. Keine scharfen Reinigungsmittel oder rauen Schwämme verwenden, da die Beschichtung der Form beschädigt werden kann.

Einige Sicherheitshinweise, die für alle Geräte gelten:

- Erst die Gebrauchsanweisung in Ruhe durchlesen.
- Der Brotbackautomat und der Stecker sollten keinen direkten Kontakt mit Flüssigkeit bekommen.
- Das Gerät für Kinder unerreichbar aufstellen, da es sehr heiß wird und Dampf ausströmen kann.
- Den Brotbackautomaten nicht in die Nähe des Herdes oder auf das Ceranfeld stellen und das Gerät nicht im Freien verwenden.
- Da das Gerät nach dem Backvorgang sehr heiß ist, immer dicke Topflappen oder ein dickes Tuch bereitlegen.
- Vor dem Reinigen den Stecker herausziehen und das Gerät völlig abkühlen lassen.

Mehl ist immer die Basis: Mehltypen und ihre Verwendung

Das Getreidekorn besteht aus dem stärkereichen Mehlkörper, dem eiweiß- und fetthaltigen Keimling und den vitamin- und mineralstoffreichen Frucht- und Samenschalen.

Die Kennzeichnung »Type« gibt den Grad der Ausmahlung und der Schalenfreiheit an. An der Typenbezeichnung ist der Mineralstoffgehalt des Mehls zu erkennen: Wenn Mehl bei 900° C verbrannt wird, bleiben die Mineralstoffe als Asche zurück. Verbleiben also z. B. 405 mg unverbrennbarer Mineralstoffrückstand bei 100 g Mehl, so entspricht dies einem Mehl der Type 405. Im Getreidegesetz sind die verschiedenen Mehltypen mit ihrem Mindest- und Höchstaschegehalt gesetzlich festgelegt. Bei Mehl der Type 405 kann der Aschegehalt beispielsweise zwischen 380 und 470 mg pro 100 g liegen.

Je heller ein Mehl ist, desto stärker ist es ausgemahlen, das heißt, desto weniger von den Randschichten des Getreidekorns wurde mitvermahlen. Je höher die Typenzahl, desto mehr wird von den wertvollen Bestandteilen des Kornes (Keimling und Randschichten) vermahlen. Mehle mit höherer Typenzahl sind deshalb auch dunkler. Mehle mit Typenbezeichnung sind etwa 1 Jahr haltbar.

Vollkornmehle müssen die gesamten Bestandteile des gereinigten Kornes einschließlich des Keimlings und der Schale enthalten. Sie werden nicht industriell hergestellt sondern meist in Naturkostläden oder Reformhäusern frisch gemahlen. Wenn Sie eine Getreidemühle besitzen, können Sie Ihr Vollkornmehl auch selbst mahlen. Vollkornmehle halten sich nur etwa 2 bis 3 Monate, da sie auch den fetthaltigen Kern enthalten und deshalb leichter verderben. Da Getreide ein Naturprodukt ist, und je nach Sorte auch die Inhaltsstoffe – und somit auch die Mineralstoffe – schwanken, unterliegen Vollkornmehle nicht der Ascheregelung und erhalten keine Typenzahl.

Die gängigsten Mehltypen im Lebensmittelhandel

- *Weizenmehl: Type 405, Type 550, Type 1050, Type 1700**, *Vollkorn*

Das handelsübliche Weizenmehl Type 405 ist ein glattes oder auch feines Mehl. Es ist sehr fein gemahlen, fühlt sich samtig weich an und ballt sich leicht zusammen. Glattes Mehl verbindet die Teigzutaten optimal zu gleichmäßigen Teigen und eignet sich hervorragend für alle Arten von Gebäck. Daneben gibt es noch eine Vielzahl an speziellen Mehlmischungen der Type 405, die in ihrer Struktur optimal auf typische Verwendungssituationen in der Küche zugeschnitten sind, wie z. B. Hefegebäck- und Strudelmehl oder Instant-Mehl. Hefegebäck- und Strudelmehl ist ein so genanntes *doppelgriffiges Mehl*. Es liegt in der Körnung zwischen Grieß und Mehl. Durch seine besondere Struktur ist es sehr quellfähig – seine Mehlteilchen nehmen Flüssigkeit langsamer, dafür aber gleichmäßiger und stärker auf. Dadurch gelingen selbst schwierige Hefeteige sowie Strudel- und Blätterteig problemlos.

- *Roggenmehl: Type 997, Type 1150, Type 1800** und *Vollkorn*

Roggenmehl hat grundsätzlich einen höheren Mineralstoffanteil als Weizenmehl. Es benötigt etwas mehr Treibmittel als Weizenmehl.

- *Dinkelmehl: Type 630* und *Vollkorn*

Dinkel ist eine alte Weizensorte mit kernigem, aromatischem Geschmack.

---

* Die Typenbezeichnung 1700 (Weizen) und 1800 (Roggen) beziehen sich nur auf Backschrot. Für Backschrot werden außer dem Keim alle Bestandteile des Korns grob vermahlen. Er muss einen genau festgelegten Mineralstoffgehalt aufweisen.

Tipps zur Verwendung der einzelnen Mehltypen

In Deutschland gibt es eine große Vielfalt an Mehltypen mit zum Teil sehr unterschiedlichen Backeigenschaften. Für optimales Gelingen von süßen Broten, Kuchen, Torten, Plätzchen und vielen Mehlspeisen spielt *Weizenmehl* die größte Rolle. *Roggenmehl* bietet sich aufgrund seines Geschmacks und seiner backtechnischen Eigenschaften in erster Linie zum Brotbacken an. Dinkel, die Urform des Weizens, war schon Kelten und Ägyptern bekannt, doch Hochkonjunktur erlebt das schmackhafte *Dinkelmehl* erst heute bei gesundheitsbewussten Verbrauchern.
Grundsätzlich gilt, dass Brote aus Vollkornmehlen und Roggenmehl kleiner und fester, aber aromatischer sind als Brote aus hellem Weizenmehl. Sehr praktisch und durchaus empfehlenswert wenn man wenig Zeit hat, sind fertige *Backmischungen,* die überall im Handel in unterschiedlichen Varianten wie z. B. Bauernbrot, helles Frühstücksbrot, Vollkornbrot oder Dinkel-Grünkernbrot zu bekommen sind.

Weizenmehle

• *Weizenmehle der Type 405* und *550*
Diese hellen Mehle sind beim Verbraucher am beliebtesten. Sie eignen sich zum Backen von Kuchen, Kleingebäck und Weißbrot sowie zum Kochen (Soßen, Mehlschwitzen). Aufgrund der guten Backeigenschaften sind sie vielseitig einsetzbar – vom lockeren Biskuitteig bis hin zum Toastbrot. Mehl der Type 550 enthält einen höheren Anteil an backfähigem Eiweiß und ist daher die bessere Wahl bei schweren Teigen wie z. B. Hefeteig und hellem Brot. Weizen enthält viel Vitamin B und ist leicht verdaulich.

• *Weizenmehl Type 1050*
Ein dunkleres Mehl, das zwischen den oben genannten Typen und Vollkornmehl angesiedelt ist. Besonders geeignet zum Backen von

hellem Weizenbrot, Weizenbrötchen oder Weizenmischbrot. Weizenmehl der Type 1050 kann für Kuchenteige auch mit Mehl der Typen 405 oder 550 gemischt werden. Da dieses Mehl sehr fein gemahlen ist, kann es problemlos gegen Mehl der Type 405 oder 550 ausgetauscht werden. Um die gleiche Teigbeschaffenheit zu erreichen, sind jedoch etwa 10 % mehr Flüssigkeit erforderlich. Gebäck und Kuchen aus Weizenmehl der Type 1050 sind kräftiger und herzhafter im Geschmack.

• *Weizenmehl Type 1700* (Backschrot)
Geeignet zum Backen von Schrotbrot und -brötchen sowie Schrotmischbroten. Grahammehl (nach dem Bostoner Arzt Sylvester Graham benannt), ist fein vermahlener Weizenvollkornschrot.

• *Weizenvollkornmehl*
Weizenvollkornmehl wird zum Backen von Weizenvollkornbrot oder Mischbrot verwendet. Bei Kuchenteigen lässt es sich dem hellen Mehl gut beimischen. Die Gebäcke schmecken herzhaft und kräftig. Sie verfügen über mehr Mineralstoffe als Gebäck aus Mehl der Type 405. Auch Weizenvollkornmehl lässt sich bei Rezepten anstelle von Mehl der Type 405 verwenden. Um die gleiche Teigkonsistenz zu erhalten, muss jedoch 10 bis 15 % mehr Flüssigkeit zugegeben werden, da der Teig durch den hohen Schalenanteil im Mehl stärker nachquillt.

Roggenmehle

• *Roggenmehle der Type 997 und 1150*
Diese Mehle lassen sich am besten gemischt mit Weizenmehlen verwenden. Sie sind besonders geeignet zum Backen von deftigem Roggenbrot, Roggenbrötchen oder Roggen- und milden Weizenmischbroten. Die beiden Typen sind ähnlich, aber regional unterschiedlich verbreitet. Roggen enthält im Vergleich zu Weizen weniger Eiweiß und somit weniger Kleberanteile. Roggenmehl oder Roggenschrot brauchen deshalb immer Backfermente wie Sauerteig zur Auflocke-

rung. Um die Backfähigkeit von Roggenmehl zu verbessern, verwendet man häufig eine Mischung aus Weizen- und Roggenmehl.

- *Roggenbackschrot Type 1800*

Roggenbackschrot wird zur Herstellung von Roggenschrotbrot oder -brötchen, Mischbroten, Pumpernickel oder Schwarzbrot verwendet.

- *Roggenvollkornmehl*

Das nährstoffreiche Mehl eignet sich zum Backen von Roggenvollkornbrot oder Mischbroten.

Dinkelmehle

- *Dinkelmehl Type 630 und Dinkelvollkornmehl*

Dinkelmehle haben die gleichen hochwertigen Backeigenschaften wie helles Weizenmehl der Type 550 oder Weizenvollkornmehl. Sie lassen sich auch genauso einfach verwenden. Dinkel ist darüber hinaus besonders verträglich und eine sehr gute Alternative für die zunehmende Zahl von Weizenallergikern. Dinkel ist eine Urform des Weizens, sehr reich an Eiweiß und Mineralstoffen und deshalb besonders gesund. Weizenmehl kann immer durch Dinkelmehl ersetzt werden.

Andere Mehlsorten

- *Hafermehl*

Hafer ist die eiweiß- und fettreichste aller Getreidesorten und enthält besonders viel Vitamin B. Man mischt es meistens mit anderen Mehlsorten.

- *Maismehl*

Maismehl gibt es in unterschiedlichen Mahlgraden von grob bis fein. Um ein optimales Ergebnis beim Brotbacken zu erzielen, mischt man es mit anderen Mehlsorten. Das »mexikanische Brot«, die Tortilla, wird ausschließlich aus Maismehl hergestellt.

- *Sojamehl*

Dieses aus Sojabohnen hergestellte Mehl wird immer mit anderen Sorten gemischt, da es selbst keine bindende Stärke enthält. Brot mit Sojamehl hält länger und hat eine gute Schnittfestigkeit.

Tipps für das gute Gelingen

- Je feiner ein Mehl ist, desto schneller nimmt es Wasser auf. Je gröber ein Mehl, umso mehr neigen die Teige zum Nachsteifen, das heißt sie benötigen mehr Flüssigkeit.
- Flüssige Zutaten sollten dem Teig immer lauwarm zugegeben werden.
- Vollkornmehle brauchen länger zum Aufquellen. Der Teig sollte daher nicht zu fest sein. Nicht zu viel Mehl unterarbeiten, auch wenn der Teig zu weich erscheint, denn Vollkornteig steift nach.
- Hefeteig sollte bei der Verwendung von Vollkornmehl etwa 15 Minuten länger gehen. Wenn der Teig noch einmal durchgeknetet wird und ein zweites Mal geht, wird das Gebäck feinporiger und hat ein besseres Aroma.
- Roggenmehle lassen sich einfacher verarbeiten, wenn man als Treibmittel neben Sauerteig noch Hefe verwendet oder einen Teil des Roggenmehls durch Weizenmehl ersetzt.
- Roggenteig wird durch die Zugabe von Säuerungsmitteln wie z. B. Zitronensaft, Joghurt oder Buttermilch stabiler. Außerdem wird so das herzhafte Aroma des Roggenmehls unterstützt.

Das gibt Auftrieb: Unterschiedliche Treibmittel

Alle Backtreibmittel tragen zur Lockerung des Brotteigs bei. Hefe und Sauerteig sind natürliche (biologische) Treibmittel, Backpulver dagegen ein chemisch hergestelltes. Der Effekt ist der gleiche: Die Treibmittel sorgen dafür, dass durch Hitze und Feuchtigkeit Kohlendioxid freigesetzt wird. Das geschieht in Form von kleinen Bläschen, die den Teig »auftreiben« und ihn leicht und locker machen. So ist das fertige Gebäck auch besser verdaulich.

- *Hefe*

Sie ist das gebräuchlichste biologische Treibmittel. Hefe wird vorwiegend für Gebäck aus Weizenmehl verwendet. Sie bewirkt, dass Enzyme den im Mehl enthaltenen Zucker in Kohlensäure und Alkohol spalten. Leicht erkennbar ist dies an den kleinen Bläschen, die beim »Gehen lassen« der Hefe entstehen. Frische Hefe wird in Würfeln von 42 g angeboten. Sie sollte weich und geschmeidig sein und keine trockenen Stellen haben. Achten Sie auf das Haltbarkeitsdatum. Frische Hefe hält sich im Kühlschrank bis zu 3 Wochen, sollte aber keinesfalls ins Tiefkühlfach gelegt werden.

- *Trockenhefe*

Trockenhefe wird in Tütchen mit 7 g Inhalt angeboten. Sie wird bei 60° C im Vakuum getrocknet. Trockenhefe bekommt erst im Teig ihre Lebendigkeit zurück. Bei entsprechender Lagerung hält sie bis zu 2 Jahre.

- *Sauerteig*

Er ist ganz besonders zum Backen von dunklen Broten oder Mischbroten aus Roggenmehl oder Vollkornmehlen geeignet. Natursauerteig erhält man im Reformhaus, im Naturkostladen oder in gut sortierten Supermärkten in der Kühltheke. Wer viel bäckt kann Sauerteig, am besten gleich in größerer Menge, selbst herstellen.

• *Backpulver*
Diese Mischung aus verschiedenen Salzen und Säuren setzt bei Einwirkung von Feuchtigkeit und Wärme ebenso wie biologische Treibmittel Kohlendioxid frei und bewirkt durch die aufsteigenden Bläschen eine Lockerung des Teiges. Im Gegensatz zu den biologischen Treibmitteln ist Backpulver sehr gut haltbar und leicht zu handhaben. Das Gebäck erhält jedoch nicht den besonderen Geschmack, der durch Hefe oder Sauerteig erzeugt wird.

Die Mischung macht's

Zum Brotbacken reichen eigentlich einige wenige Zutaten: Mehl, Hefe, Salz und Wasser. Mit ein paar extra Zutaten jedoch kann man jedes Brot geschmacklich verfeinern, seine Bekömmlichkeit steigern oder seine gesundheitsfördernde Wirkung unterstützen.

Würzige Zutaten

• *Anis*
Die Samenkörner der Anispflanze schmecken süßlich-herb. Man kann sie als ganze Körner, grob zerstoßen oder gemahlen verwenden. Seit Urzeiten sind sie ein beliebtes Backgewürz. Eine besonders intensive Variante ist Sternanis.

• *Fenchel*
Die kleinen Fenchelkörner sind die getrockneten Früchte des Gewürzfenchels. Man verwendet sie im Ganzen oder gemahlen. Aufgrund seines starken Aromas sollte Fenchel sparsam verwendet werden. Er enthält ätherische Öle, die gut gegen Magen-Darm-Störungen sind.

• *Kümmel*
Gemahlen oder als ganze Körner ist Kümmel das klassische Brotgewürz überhaupt. Vorwiegend wird er in dunklen Broten oder Mischbroten verwendet. Durch seine Inhaltsstoffe trägt er auch zur

besseren Bekömmlichkeit bei und verleiht dem Brot einen herzhaften, typischen Geschmack.

• *Koriander*
Charakteristisch für Koriander ist sein leicht süßliches Aroma. Die runden Körner werden ebenfalls im Ganzen oder gemahlen verwendet. Häufig kombiniert man sie mit Kümmel, Anis und Fenchel.

Knackige Zutaten

• *Sesam*
Die kleinen Samen der Sesampflanze werden geschält und ungeschält angeboten. Ihr nussiges Aroma kommt im Brot gut zur Geltung. Eine leicht asiatische Note kann man durch die Zugabe von Sesamöl aus gerösteten Sesamsamen erzielen.

• *Sonnenblumenkerne*
Die Kerne werden im Ganzen, grob gehackt oder gemahlen in den Brotteig gemischt. Sie liefern Eiweiß und Mineralstoffe, aber auch ein Plus an Kalorien. Sonnenblumenkerne sollten wie Nüsse nicht zu lange gelagert werden, da sie leicht ranzig werden.

• *Kürbiskerne*
In ein Kürbisbrot passen sie besonders gut, Kürbiskerne lassen sich aber auch mit anderen Kernen mischen. Sie enthalten ein wertvolles Öl, Mineralstoffe und Eiweiß.

• *Mohn*
Die kleinen, dunklen essbaren Samen des Schlafmohns werden sowohl im Brot als auch für Kuchenfüllungen verwendet.

• *Pistazien*
Die Kerne mit der leuchtend grünen Farbe und dem feinen Aroma werden im Mittelmeerraum, in Asien und den USA angebaut. Sie sollten möglichst frisch verwendet werden.

• *Haselnüsse*
Haselnusskerne werden zum Backen im Ganzen, gehackt oder gemahlen verwendet. Sie sollten wegen ihres hohen Fettgehaltes möglichst schnell verbraucht werden.

• *Walnüsse*
Sie kommen heute hauptsächlich aus den USA und Frankreich. Grob gehackt geben sie dem Brot eine rustikale Note. Walnussbrot wird besonders gerne zu kräftigem Käse serviert.

• *Pinienkerne*
Die Samen einer mediterranen Kiefernart haben einen feinen, harzigen Geschmack. Noch besser kommt er zur Geltung, wenn man die Kerne kurz röstet.

• *Erdnüsse*
Im eigentlichen Sinn sind sie keine Nüsse, sondern Hülsenfrüchte. Nach dem Trocknen werden sie meistens geröstet und gesalzen oder zu Erdnussbutter verarbeitet.

• *Leinsamen*
Die Samen des Flachses enthalten wertvolle Fettsäuren. Da Leinsamen sehr quellfähig ist, regt er die Verdauung an. Man kann die ganzen Kernchen verwenden oder sie vorher schroten. Leinsamen geben dem Brot einen nussigen, kernigen Geschmack.

• *Mandeln*
Die beliebtesten aller Nussarten werden meistens in süßen Broten verarbeitet, schmecken aber auch in herzhaften Varianten.

• *Kokosnuss*
Zum Backen verwendet man vorwiegend Kokosflocken. Sie geben süßen Broten ein ganz besonderes Aroma. Man kann sie sehr gut marinieren, z. B. in Rum.

Milch und Milchprodukte

• *Milch*
Als Backzutat ist Milch unentbehrlich, hauptsächlich für Brote mit Weizenmehl. Milch gibt es als Vollmilch mit 3,5 % Fettgehalt und als teilentrahmte Milch mit 1,5 % Fettgehalt. Sie wird als Frischmilch oder H-Milch (ultrahocherhitzte Milch) angeboten. Milch enthält lebenswichtige Inhaltsstoffe wie Eiweiß, Vitamine und Mineralstoffe, insbesonders Calcium und Phosphor.

• *Buttermilch*
Eine leicht säuerliche Note erhält Gebäck durch Buttermilch. Sie kann anstelle von Milch verwendet werden. Buttermilch entsteht bei der Butterherstellung und hat ebenso wie Milch Mineralstoffe, Vitamine und Eiweiß aufzuweisen. Außerdem wirkt sie günstig auf die Verdauung.

• *Kefir und Dickmilch*
Beide sind zum Backen ebenfalls bestens geeignet, besonders für herzhafte Brote, denen man außerdem noch Kräuter, Zwiebel u. ä. hinzufügt.

• *Sahne*
Durch das Entrahmen von Milch wird Sahne gewonnen. Sie sollte einen Mindestfettanteil von 30 % enthalten. Als Schlagsahne verfeinert sie Gebäcke wie Torten und Kuchen. Doch auch in süßen Broten ist sie ein wichtiger Bestandteil.

• *Quark*
Dieses Milchprodukt gibt es in unterschiedlichen Fettstufen: Magerquark mit 0,5 % Fett, Speise- und Sahnequark mit 20 % bis 40 %. Er wird auch mit Zusätzen wie Früchten, Kräutern, Meerrettich etc. angeboten. Zum Brotbacken ist Quark bestens geeignet.

- *Joghurt*

Setzt man der Milch Säurekulturen zu, entsteht Joghurt. Diese Kulturen bewirken, dass sich der Geschmack von süß zu säuerlich und die Konsistenz von flüssig zu cremig verändert. Joghurt macht das Brot leicht säuerlich und frisch.

Knusprig: Beliebte Klassiker

Sonnenblumenkernbrot

100 ml Milch
250 g Magerquark
50 ml Sonnenblumenöl
2 Eier
1 TL Salz
400 g dunkles Weizenmehl Type 1050
100 g Sonnenblumenkerne
1/2 Würfel Hefe (ca. 20 g)
1 TL Zucker

Die Milch erwärmen. Den Magerquark mit der Milch, dem Sonnenblumenöl, den Eiern und dem Salz in den Backautomaten geben. Die Sonnenblumenkerne grob hacken und mit dem Mehl hinzufügen. Die Hefe zerbröckeln und mit dem Zucker auf den restlichen Zutaten verteilen.
Das Programm nach Gebrauchsanweisung einstellen und das Brot backen. Das fertige Brot aus der Form stürzen und auf einem Gitterrost abkühlen lassen.

TIPP

Dazu passt ein herzhafter Aufstrich, z. B. Putenvillettes (Seite 143).

Traditionelles Weissbrot

250 ml Milch
50 g weiche Butter
1 Ei
1 TL Salz
450 g helles Weizenmehl
Type 550
1/2 Würfel Hefe (ca. 20 g)
1 TL Zucker

Die Milch erwärmen. Die Milch, die weiche Butter, das Ei und das Salz in den Backautomaten geben. Das Mehl hinzufügen. Die Hefe zerbröckeln und mit dem Zucker auf den restlichen Zutaten verteilen.

Das Programm nach Gebrauchsanweisung einstellen und das Brot backen. Das fertige Brot aus der Form stürzen und auf einem Gitterrost abkühlen lassen.

TIPP

Besonders gut mit Butter und Marmelade.

Weizenschrotbrot

150 ml Milch
150 ml Wasser
1 TL Salz
400 g helles Weizenmehl Type 405
150 g Weizenbackschrot Type 1700
1/2 Würfel Hefe (ca. 20 g)
1 TL brauner Zucker

Die Milch und das Wasser erwärmen und mit dem Salz in den Backautomaten füllen. Das Weizenmehl mit dem Weizenvollkornschrot mischen und hinzufügen. Die Hefe zerbröckeln und mit dem Zucker auf den restlichen Zutaten verteilen.
Das Programm nach Gebrauchsanweisung einstellen und das Brot backen. Das fertige Brot aus der Form stürzen und auf einem Gitterrost abkühlen lassen.

Weizenvollkornbrot

400 ml Wasser
2 EL weiche Butter
1 EL Salz
500 g Weizenvollkornmehl
1/2 Würfel Hefe (ca. 20 g)
1 EL brauner Zucker

Das Wasser erwärmen und mit der weichen Butter und dem Salz in den Backautomaten füllen. Das Weizenvollkornmehl hinzufügen. Die Hefe zerbröckeln und mit dem braunen Zucker auf den restlichen Zutaten verteilen.
Das Programm nach Gebrauchsanweisung einstellen und das Brot backen. Das fertige Brot aus der Form stürzen und auf einem Gitterrost abkühlen lassen.

Klassisches Mischbrot

300 ml Wasser
2 EL weiche Butter
2 TL Salz
225 g helles Weizenmehl
Type 550
225 g dunkles Weizenmehl
Type 1050
1/2 Würfel Hefe (ca. 20 g)
2 TL Zucker

Das Wasser erwärmen und mit der Butter und dem Salz in den Backautomaten füllen. Beide Mehle mischen und hinzufügen. Die Hefe zerbröckeln und mit dem Zucker auf den restlichen Zutaten verteilen.
Das Programm nach Gebrauchsanweisung einstellen und das Brot backen. Das fertige Brot aus der Form stürzen und auf einem Gitterrost abkühlen lassen.

TIPP

Ein Universalbrot für Süßes und Deftiges.

Grahambrot mit Molke

300 ml Molke
1 EL Sonnenblumenöl
1 TL Salz
5 EL flüssiger Sauerteig

400 g Weizenbackschrot Type 1700 (Grahammehl)
100 g dunkles Roggenmehl Type 1150
1 TL Backpulver

Die Molke mit dem Sonnenblumenöl, dem Salz und dem Sauerteig in den Backautomaten füllen. Weizenschrot und Roggenmehl mischen und mit dem Backpulver hinzufügen.
Das Programm nach Gebrauchsanweisung einstellen und das Brot backen. Das fertige Brot aus der Form stürzen und auf einem Gitterrost abkühlen lassen.

TIPP

Köstlich dazu schmeckt Auberginen-Tofu-Dip (Seite 146).

Dinkelbrot mit Apfelwein

(Foto Seite 51)

350 ml Apfelwein
2 EL Öl
1 EL Salz
1 TL gemahlener Kümmel
5 EL flüssiger Sauerteig
400 g Dinkelvollkornmehl
100 g Dinkelflocken
1 TL Backpulver

Den Apfelwein mit dem Öl in den Backautomaten füllen. Das Salz, den gemahlenen Kümmel und den Sauerteig hinzufügen. Das Dinkelmehl, die Dinkelflocken und das Backpulver zu den restlichen Zutaten geben.
Das Programm nach Gebrauchsanweisung einstellen und das Brot backen. Das fertige Brot aus der Form stürzen und auf einem Gitterrost abkühlen lassen.

TIPP

Super mit würziger Leberwurst.

Dunkles Roggenmischbrot

300 ml Bier
3 EL Walnussöl
1 EL Salz
5 EL flüssiger Sauerteig
350 g dunkles Roggenmehl Type 1150
150 g helles Weizenmehl Type 550
1 TL Backpulver
1 TL Zucker

Das Bier mit dem Walnussöl, dem Salz und dem Sauerteig in den Backautomaten füllen. Roggen- und Weizenmehl mischen und mit dem Backpulver und dem Zucker hinzufügen.
Das Programm nach Gebrauchsanweisung einstellen und das Brot backen. Das fertige Brot aus der Form stürzen und auf einem Gitterrost abkühlen lassen.

TIPP

Zu dem kräftigen Brot passt die Makrelen-Meerrettichcreme (Seite 140).

Haselnuss-Joghurtbrot

(Rezept Seite 35)

Haselnuss-Joghurtbrot

(Foto Seite 33)

300 g Vollmilchjoghurt
2 EL Nussöl
1 EL Salz
1 TL gemahlener Kümmel
300 g dunkles Roggenmehl Type 1150
150 g dunkles Weizenmehl Type 1050
1 Würfel Hefe (42 g)
1 EL flüssiger Honig
50 g gehackte Haselnüsse

Den Joghurt mit dem Nussöl, dem Salz und dem Kümmel in den Backautomaten füllen. Roggen- und Weizenmehl mischen und hinzufügen. Die Hefe zerbröckeln und mit dem Honig und den Haselnüssen auf den restlichen Zutaten verteilen.
Das Programm nach Gebrauchsanweisung einstellen und das Brot backen. Das fertige Brot aus der Form stürzen und auf einem Gitterrost abkühlen lassen.

TIPP

Der Geflügelleberaufstrich (Seite 125) harmoniert dazu hervorragend.

Saftiges Dreikornbrot

300 ml Buttermilch
1 TL Salz
450 g helles Weizenmehl Type 405
1 Würfel Hefe (42 g)
1 Prise Zucker
je 30 g Leinsamen, Sesamsamen und Sonnenblumenkerne
1 geh. TL gemahlener Kümmel
1 TL Koriander

Die Buttermilch leicht erwärmen. Die lauwarme Buttermilch mit dem Salz in den Backautomaten füllen. Das Mehl hinzufügen. Die Hefe zerbröckeln und mit dem Zucker dazugeben. Leinsamen, Sesam und Sonnenblumenkerne sowie Kümmel und Koriander auf den restlichen Zutaten verteilen.
Das Programm nach Gebrauchsanweisung einstellen und das Brot backen. Das fertige Brot aus der Form stürzen und auf einem Gitterrost abkühlen lassen.

TIPP

Dieses herzhafte Brot schmeckt besonders gut zu Wurstwaren und Käse.

Buttermilchbrot

320 ml Buttermilch
1 TL Salz
400 g helles Weizenmehl
Type 405
100 g helles Roggenmehl
Type 997

1 Würfel Hefe (42 g)
1 Prise Zucker
1 TL Kümmelkörner
1 TL Korianderkörner

Die Buttermilch leicht erwärmen. Die lauwarme Buttermilch mit dem Salz in den Backautomaten füllen. Weizen- und Roggenmehl mischen und hinzufügen. Die Hefe zerbröckeln und mit dem Zucker in den Behälter geben. Die Kümmel- und Korianderkörner auf dem Mehl verteilen.

Das Programm nach Gebrauchsanweisung einstellen und das Brot backen. Das fertige Brot aus der Form stürzen und auf einem Gitterrost abkühlen lassen.

TIPP

Die Gorgonzolacreme (Seite 123) passt prima dazu.

Kressebrot mit Dickmilch

1 mittelgroße Zwiebel
4 EL Öl
1 Kästchen Kresse
1 TL Salz
1 Becher Dickmilch (175 g)
250 g helles Weizenmehl Type 550
1 TL Backpulver

Die Zwiebel schälen und fein hacken. In einer Pfanne 1 EL Öl erhitzen und die Zwiebel darin andünsten. Die Pfanne vom Herd nehmen. Die Kresse abbrausen und die Blättchen mit der Küchenschere direkt über der Pfanne abschneiden, unterrühren und kurz mitdünsten.

Das restliche Öl, die Dickmilch und das Salz in den Backautomaten füllen. Das Weizenmehl mit dem Backpulver hinzufügen. Die Zwiebel-Kresse-Mischung darauf verteilen.

Das Programm nach Gebrauchsanweisung einstellen und das Brot backen. Das fertige Brot aus der Form stürzen und auf einem Gitterrost abkühlen lassen.

TIPP

Kräuter-Knoblauchaufstrich (Seite 139) ist eine gute Ergänzung.

Joghurt-Rucola-Brot

1 Bund Rucola
1 Knoblauchzehe
1 TL Butter
60 ml Milch
2 Becher Vollmilchjoghurt
1 Ei
400 g helles Weizenmehl
Type 550
1/2 Würfel Hefe (ca. 20 g)
1 TL Zucker

Rucola putzen, waschen und trockenschleudern. Die harten Stiele entfernen und die Blätter klein schneiden. Den Knoblauch schälen. Die Butter in einer Pfanne erhitzen, Rucola hinzufügen und den Knoblauch dazupressen. Alles kurz andünsten und abkühlen lassen. Die Milch erwärmen. Den Joghurt, das Ei und die Milch in den Backautomaten füllen. Das Mehl hinzufügen. Die Hefe zerbröckeln und mit dem Zucker auf den restlichen Zutaten verteilen. Rucola auf dem Mehl verteilen.

Das Programm nach Gebrauchsanweisung einstellen und das Brot backen. Das fertige Brot aus der Form stürzen und auf einem Gitterrost abkühlen lassen.

TIPP

Sie können statt Rucola auch andere Kräuter verwenden. Besonders gut schmeckt im Frühling frischer Bärlauch, dann aber den Knoblauch weglassen.

Dinkel-Vierkornbrot

320 ml Buttermilch
1 TL Salz
500 g Dinkelmehl Type 630
1 Würfel Hefe (42 g)
1 Prise Zucker
je 30 g Leinsamen und Sesamsamen
50 g Sonnenblumenkerne
2 TL Kümmelkörner
1 TL gemahlener Koriander

Die Buttermilch erwärmen und mit dem Salz in den Backautomaten füllen. Das Dinkelmehl hinzufügen. Die Hefe zerbröckeln, mit dem Zucker zum Mehl geben und kurz gehen lassen. Leinsamen, Sesam und Sonnenblumenkerne mit dem Kümmel und dem Koriander mischen und zu den restlichen Zutaten geben.
Das Programm nach Gebrauchsanweisung einstellen und das Brot backen. Das fertige Brot aus der Form stürzen und auf einem Gitterrost abkühlen lassen.

TIPP

Ein tolles Brot für jeden Tag, für süße und herzhafte Aufstriche gleich gut geeignet.

Dinkel-Vollkornbrot

350 ml Kefir
50 ml Ahornsirup
1 EL Kräutersalz
300 g Dinkelvollkornmehl
150 g Dinkelschrot
100 g Roggenmehl
Type 997
1 Würfel Hefe (42 g)
1 EL Zucker
4 EL flüssiger Sauerteig

Den Kefir erwärmen und mit dem Ahornsirup und dem Kräutersalz in den Backautomaten füllen. Das Dinkelvollkornmehl, den Dinkelschrot und das Roggenmehl mischen und hinzufügen. Die Hefe zerbröckeln und mit dem Zucker und dem Sauerteig auf den restlichen Zutaten verteilen.
Das Programm nach Gebrauchsanweisung einstellen und das Brot backen. Das fertige Brot aus der Form stürzen und auf einem Gitterrost abkühlen lassen.

TIPP

Zu diesem Brot schmeckt frischer Kräuterquark sehr gut.

Kefir-Kleiebrot

500 ml Kefir
50 g weiche Butter
2 Eier
1 EL Kräutersalz
450 g helles Weizenmehl Type 550
100 g Weizenkleie
1 Päckchen Backpulver
1 TL getrockneter Thymian
1 TL getrockneter Oregano

Den Kefir erwärmen und mit der Butter, den Eiern und dem Kräutersalz in den Backautomaten füllen. Das Weizenmehl, die Weizenkleie und das Backpulver mischen und hinzufügen. Thymian und Oregano zu den restlichen Zutaten geben.
Das Programm nach Gebrauchsanweisung einstellen und das Brot backen. Das fertige Brot aus der Form stürzen und auf einem Gitterrost abkühlen lassen.

TIPP

Das Kefir-Kleiebrot schmeckt sehr gut mit Butter und frischen Tomaten belegt.

Buttermilch-Gewürzbrot

250 ml warme Buttermilch
1 EL Selleriesalz
400 g helles Weizenmehl Type 405
100 g helles Roggenmehl Type 997
1 Würfel zerbröckelte Hefe (42 g)
1 TL Zucker
je 1 TL Kümmel- und Korianderkörner
1 TL Anissamen

Die Buttermilch erwärmen und mit dem Selleriesalz in den Backautomaten füllen. Weizen- und Roggenmehl mischen und hinzufügen. Die Hefe zerbröckeln und mit dem Zucker auf dem Mehl verteilen. Kümmel- und Korianderkörner mit den Anissamen kurz im Mörser zerstoßen oder im elektrischen Zerhacker zerkleinern und zu den restlichen Zutaten geben.
Das Programm nach Gebrauchsanweisung einstellen und das Brot backen. Das fertige Brot aus der Form stürzen und auf einem Gitterrost abkühlen lassen.

TIPP

Dazu passt sehr gut Eieraufstrich mit Kapern (Seite 138).

Sesam-Fenchelbrot

200 ml Buttermilch
1 TL Salz
300 g helles Weizenmehl Type 405
150 g Weizenvollkornmehl
50 g Sesamsamen
1 EL Fenchelsamen
1/2 Würfel Hefe (ca. 20 g)
1 EL Zucker

Die Buttermilch erwärmen und mit dem Salz in den Backautomaten füllen. Das Weizenmehl, das Weizenvollkornmehl, die Sesam- und die Fenchelsamen mischen und hinzufügen. Die Hefe zerbröckeln und mit dem Zucker auf den restlichen Zutaten verteilen. Das Programm nach Gebrauchsanweisung einstellen und das Brot backen. Das fertige Brot aus der Form stürzen und auf einem Gitterrost abkühlen lassen.

TIPP

Das Sesam-Fenchelbrot passt besonders gut zu süßen Aufstrichen.

Leinsamenbrot mit Molke

250 ml Molke
1 TL Salz
500 g helles Weizenmehl Type 405
150 g Leinsamen
1 Würfel Hefe (42 g)
1 EL Zucker

Die Molke erwärmen und mit dem Salz in den Backautomaten füllen. Weizenmehl und Leinsamen mischen und hinzufügen. Die Hefe zerbröckeln und mit dem Zucker auf den restlichen Zutaten verteilen.
Das Programm nach Gebrauchsanweisung einstellen und das Brot backen. Das fertige Brot aus der Form stürzen und auf einem Gitterrost abkühlen lassen.

TIPP

Mit Butter und Schnittlauch bestreut ein Genuss.

Dinkelschrotbrot mit Kefir

350 ml Kefir
50 ml Ahornsirup
1 EL Kräutersalz
300 g Dinkelvollkornmehl
300 g grober Dinkelschrot
100 g dunkles Weizenmehl Type 1050
4 EL Sauerteig
1 Würfel Hefe (42 g)
1 EL Zucker

Den Kefir mit dem Ahornsirup und dem Kräutersalz in den Backautomaten füllen. Das Dinkelvollkornmehl, den Dinkelschrot und das Weizenmehl mischen und mit dem Sauerteig hinzufügen. Die Hefe zerbröckeln und mit dem Zucker auf den restlichen Zutaten verteilen.

Das Programm nach Gebrauchsanweisung einstellen und das Brot backen. Das fertige Brot aus der Form stürzen und auf einem Gitterrost abkühlen lassen.

TIPP

Das Brot ist etwas fester, aber schmeckt hervorragend zum Frühstück, zur Vesper oder zu anderen Gelegenheiten.

Überraschend: Internationale Spezialitäten

Italienisches Weissbrot

3 Eier
3 EL Olivenöl
1 TL Salz
300 g helles Weizenmehl
Type 550
1 Würfel Hefe (42 g)
1 TL Zucker

Die Eier und das Olivenöl mit dem Salz in den Backautomaten füllen. Das Mehl hinzufügen. Die Hefe zerbröckeln und mit dem Zucker auf den restlichen Zutaten verteilen.
Das Programm nach Gebrauchsanweisung einstellen und das Brot backen. Das fertige Brot aus der Form stürzen und auf einem Gitterrost abkühlen lassen.

TIPP

Sie können noch gedünstete Zwiebeln, Knoblauch, gehackte Kräuter, Walnüsse, Oliven, 100 g geraspelte Zucchini oder Möhren oder 100 g feine, ausgebratene Räucherspeckwürfel unter den Teig mischen.

Andalusisches Safranbrot

(Foto Seite 69)

150 ml Milch
150 ml Wasser
1 Ei
1 EL Salz
1 EL Olivenöl
1 Döschen gemahlener
Safran
500 g helles Weizenmehl
Type 550
1 TL Zucker
1/2 Würfel Hefe (ca. 20 g)

Die Milch und das Wasser erwärmen. Das Ei mit der Milch, 130 ml Wasser, dem Salz und dem Olivenöl in den Backautomaten füllen. Den Safran im restlichen Wasser auflösen. Das Weizenmehl mit dem Safran in den Behälter geben. Die Hefe zerbröckeln und mit dem Zucker auf den restlichen Zutaten verteilen.
Das Programm nach Gebrauchsanweisung einstellen und das Brot backen. Das fertige Brot aus der Form stürzen und auf einem Gitterrost abkühlen lassen.

TIPP

Besonders gut geeignet zu Fischsuppen oder mit Fischaufstrich oder -belag.

Dinkelbrot mit Apfelwein
(Rezept Seite 31)

Provenzalisches Zucchinibrot

250 g Zucchini
1 EL Olivenöl
2 Knoblauchzehen
Salz
Pfeffer aus der Mühle
2 TL getrocknete Kräuter der Provence
3 Eier
100 ml Olivenöl
300 g dunkles Weizenmehl Type 1050
1 Würfel Hefe (42 g)
1 TL Zucker

Die Zucchini putzen, waschen und grob raspeln. In einer Pfanne 1 EL Olivenöl erhitzen und die Zucchini darin 5 Minuten dünsten. Den Knoblauch schälen und dazupressen. Zucchini mit Salz, Pfeffer und den Kräutern der Provence würzen und abkühlen lassen.
Die Eier mit dem restlichen Olivenöl und 1 TL Salz in den Backautomaten füllen. Das Mehl hinzufügen. Die Hefe zerbröckeln und mit dem Zucker zu den restlichen Zutaten geben. Die Zucchiniraspel auf dem Mehl verteilen.
Das Programm nach Gebrauchsanweisung einstellen und das Brot backen. Das fertige Brot aus der Form stürzen und auf einem Gitterrost abkühlen lassen.

TIPP

Dieses köstliche Brot eignet sich gut als Beilage zu Ragouts.

Indisches Sesambrot mit Curry

(Foto Seite 77)

300 ml Wasser
2 EL Sesamöl (aus gerösteten Sesamsamen)
1 TL Salz
150 g dunkles Weizenmehl Type 1050
250 g helles Weizenmehl Type 405
50 g Maismehl
1 TL gemahlener Zimt
1 Prise gemahlene Nelken
1/2 TL Currypulver
1 Päckchen Trockenhefe (7 g)
1 TL Zucker
50 g Sesamsamen

Das Wasser erwärmen und mit dem Sesamöl und dem Salz in den Backautomaten füllen. Das dunkle und das helle Mehl mit dem Maismehl, Zimt, Nelken und Currypulver mischen und hinzufügen. Die Trockenhefe, Zucker und Sesam zugeben.
Das Programm nach Gebrauchsanweisung einstellen und das Brot backen. Das fertige Brot aus der Form stürzen und auf einem Gitterrost abkühlen lassen.

TIPP

Das Sesambrot schmeckt als Beilage zu indischen oder vegetarischen Gerichten.

Sizilianisches Tomatenbrot

1 mittelgroße Zwiebel
2 Knoblauchzehen
1 Fleischtomate
3 EL Olivenöl
Salz
Pfeffer aus der Mühle
1 TL getrockneter Oregano
300 ml Wasser
500 g Dinkelmehl Type 630
1 Päckchen Trockenhefe (7 g)
1 TL Zucker

Die Zwiebel und den Knoblauch schälen und fein hacken. Die Tomate überbrühen, häuten, halbieren, entkernen und in kleine Würfel schneiden. In einer Pfanne 1 EL Olivenöl erhitzen. Die Zwiebel und den Knoblauch darin andünsten, die Tomatenwürfel dazugeben und kurz mitdünsten, mit Salz, Pfeffer und Oregano würzen. Die Pfanne vom Herd nehmen und das Gemüse abkühlen lassen.
Das Wasser erwärmen, mit dem restlichen Olivenöl und 1 TL Salz in den Backautomaten füllen. Das Mehl hinzufügen. Die Trockenhefe mit dem Zucker in den Behälter geben. Die gedünsteten Tomaten auf dem Mehl verteilen.
Das Programm nach Gebrauchsanweisung einstellen und das Brot backen. Das fertige Brot aus der Form stürzen und auf einem Gitterrost abkühlen lassen.

TIPP

Kräuterquark zum Dippen ist ideal dazu.

Finnisches Haferbrot

150 ml Wasser
150 ml Bier
1 TL Salz
250 g fein gemahlenes Hafermehl
250 g helles Weizenmehl Type 405
1/2 Würfel Hefe (ca. 20 g)
3 EL flüssiger Sauerteig
1 TL Zucker

Das Wasser und das Bier erwärmen und mit dem Salz in den Backautomaten füllen. Das Hafermehl und das Weizenmehl mischen und hinzufügen. Die Hefe zerbröckeln und mit dem Sauerteig und dem Zucker auf den restlichen Zutaten verteilen.
Das Programm nach Gebrauchsanweisung einstellen und das Brot backen. Das fertige Brot aus der Form stürzen und auf einem Gitterrost abkühlen lassen.

TIPP

Das Haferbrot passt sehr gut zu deftigem Käse wie Appenzeller oder Münster.

Mexikanisches Maisbrot mit Chili

150 ml Wasser
150 ml Milch
1 TL Salz
1 Prise Chilipulver
450 g helles Weizenmehl
Type 405
150 g Maismehl
1/2 Würfel Hefe
(ca. 20 g)
1 TL Zucker

Das Wasser und die Milch erwärmen und mit dem Salz und dem Chilipulver in den Backautomaten füllen. Das Weizenmehl mit dem Maismehl mischen und hinzufügen. Die Hefe zerbröckeln und mit dem Zucker auf den restlichen Zutaten verteilen.
Das Programm nach Gebrauchsanweisung einstellen und das Brot backen. Das fertige Brot aus der Form stürzen und auf einem Gitterrost abkühlen lassen.

TIPP

Dazu schmeckt Guacamole, das mexikanische Avocadopüree.

Steirisches Kürbisbrot

250 g Hokaido-Kürbis (ohne Kerne)
1 TL Butter
250 g Gemüsebrühe
50 ml Kürbiskernöl
1 TL Salz
450 g helles Weizenmehl Type 550
1 Päckchen Trockenhefe (7 g)
1 TL Zucker
100 g Kürbiskerne

Den entkernten Kürbis gut waschen und mit der Schale fein raspeln. Die Butter in einer Pfanne zerlassen und das Kürbisfruchtfleisch darin andünsten. Vom Herd nehmen und abkühlen lassen.
Die Gemüsebrühe erwärmen und mit dem Kürbiskernöl und dem Salz in den Backautomaten füllen. Das Mehl mit der Trockenhefe und dem Zucker hinzufügen. Die Kürbiskerne hacken und mit den Kürbisraspeln auf dem Mehl verteilen.
Das Programm nach Gebrauchsanweisung einstellen und das Brot backen. Das fertige Brot aus der Form stürzen und auf einem Gitterrost abkühlen lassen.

TIPP

Besonders gut zu geräucherter Wurst oder zu Schinken.

Amerikanisches Löffelbrot

300 ml Milch
2 EL Öl
2 Eier
5 EL flüssiger Honig
1 TL Salz
150 g Maismehl
250 g helles Weizenmehl Type 405
1 Päckchen Trockenhefe (7 g)
1/2 TL gemahlener Sternanis
1 TL Zucker

Die Milch erwärmen. Die warme Milch, das Öl, die Eier, den Honig und das Salz in den Backautomaten füllen. Das Maismehl und das Weizenmehl mischen und hinzufügen. Die Trockenhefe mit dem gemahlenen Sternanis und dem Zucker auf den restlichen Zutaten verteilen.

Das Programm nach Gebrauchsanweisung einstellen und das Brot backen. Das fertige Brot aus der Form stürzen und auf einem Gitterrost abkühlen lassen.

TIPP

Hierzu passt z. B. Guacamole (Seite 128) oder Marmelade.

Toskanisches Focaccia-Brot

300 ml Wasser
4 EL Olivenöl
1 TL Salz
2 TL getrockneter Oregano
450 g dunkles Weizenmehl Type 1050
1 Prise Zucker
1 Päckchen Trockenhefe (7 g)
100 g schwarze Oliven (ohne Stein)
50 g frisch geriebener Parmesan

Das Wasser erwärmen und mit dem Olivenöl, dem Salz und dem Oregano in den Backautomaten füllen. Das Mehl mit dem Zucker und der Trockenhefe hinzufügen. Die Oliven fein hacken und mit dem Parmesan auf dem Mehl verteilen.
Das Programm nach Gebrauchsanweisung einstellen und das Brot backen. Das fertige Brot aus der Form stürzen und auf einem Gitterrost abkühlen lassen.

TIPP

Super dazu: Gorgonzola-Creme (Seite 123).

Spanisches Olivenbrot

300 ml Wasser
2 EL Olivenöl
1 EL Salz
250 g dunkles Weizenmehl Type 1050
100 g Weizenkleie
100 g helles Roggenmehl Type 997
1 Päckchen Trockenhefe (7 g)
2 EL flüssiger Honig
200 g schwarze, getrocknete Oliven (ohne Stein)

Das Wasser erwärmen und mit dem Olivenöl und dem Salz in den Backautomaten füllen. Das Weizenmehl, die Kleie und das Roggenmehl mischen und mit der Trockenhefe und dem Honig hinzufügen. Die Oliven grob hacken und auf dem Mehl verteilen.
Das Programm nach Gebrauchsanweisung einstellen und das Brot backen. Das fertige Brot aus der Form stürzen und auf einem Gitterrost abkühlen lassen.

TIPP

Dazu schmeckt Knoblauch- oder Kräuterbutter besonders gut.

Französisches Kräuterbrot

300 ml Wasser
4 EL Olivenöl
1 TL Salz
1 TL Rosmarinnadeln
2 TL getrockneter Oregano
1 TL getrockneter Thymian
2 Knoblauchzehen
450 g helles Weizenmehl Type 550
1 Prise Zucker
1 Päckchen Trockenhefe (7 g)
100 g schwarze Olivenpaste

Das Wasser erwärmen und mit dem Olivenöl und dem Salz in den Backautomaten füllen. Die Rosmarinnadeln fein hacken, mit dem Oregano und dem Thymian hinzufügen. Den Knoblauch schälen und dazupressen. Das Mehl mit dem Zucker und der Trockenhefe zu den restlichen Zutaten geben. Die Olivenpaste auf dem Mehl verteilen.

Das Programm nach Gebrauchsanweisung einstellen und das Brot backen. Das fertige Brot aus der Form stürzen und auf einem Gitterrost abkühlen lassen.

TIPP

Schmeckt super in Würfel geschnitten und geröstet als Snack zu Bier und Wein.

Ungarisches Salamibrot

150 g ungarische Salami (am Stück)
1 TL Öl
2 Becher Vollmilchjoghurt (à 150 g)
1 TL Salz
1 TL mittelscharfes Paprikapulver
400 g helles Weizenmehl Type 550
50 g Weizenvollkornmehl
1 Würfel Hefe (42 g)
1 TL Zucker

Die Salami in kleine Würfel schneiden. Das Öl in einer Pfanne erhitzen und die Salamiwürfel darin kurz anbraten. Vom Herd nehmen und abkühlen lassen.
Den Joghurt mit dem Salz und dem Paprikapulver in den Backautomaten füllen. Das Weizenmehl und das Weizenvollkornmehl mischen und hinzufügen. Die Hefe zerbröckeln und mit dem Zucker in den Behälter geben. Die Salamiwürfel auf dem Mehl verteilen.
Das Programm nach Gebrauchsanweisung einstellen und das Brot backen. Das fertige Brot aus der Form stürzen und auf einem Gitterrost abkühlen lassen.

TIPP

Als Salatbeilage ideal.

Griechisches Schafskäsebrot

1 Bund glatte Petersilie
2 Knoblauchzehen
3 1/2 EL Olivenöl
3 Eier
1 TL Salz
300 g Weizenvollkornmehl
1 Würfel Hefe (42 g)
1 TL Zucker
150 g Schafskäse

Die Petersilie waschen, trockenschütteln und die Blättchen abzupfen. Den Knoblauch schälen und mit den Petersilienblättchen fein hacken. In einer Pfanne 1 TL Olivenöl erhitzen und den Knoblauch mit der Petersilie darin kurz andünsten. Vom Herd nehmen und abkühlen lassen.

Die Eier aufschlagen und mit dem restlichen Olivenöl und dem Salz in den Backautomaten geben. Das Mehl hinzufügen. Die Hefe zerbröckeln und mit dem Zucker in den Behälter geben. Den Schafskäse zerbröckeln und auf dem Mehl verteilen.

Das Programm nach Gebrauchsanweisung einstellen und das Brot backen. Das fertige Brot aus der Form stürzen und auf einem Gitterrost abkühlen lassen.

TIPP

Sie können noch gedünstete Zwiebeln unter den Teig mischen.

Schweizer Rüblibrot

1 kleine Zwiebel
250 g Möhren
105 g Butter
400 g helles Weizenmehl Type 550
100 g gemahlene Mandeln
1 TL abgeriebene Zitronenschale (unbehandelt)
1 TL Zitronensaft
1 Würfel Hefe (42 g)
Salz
Pfeffer aus der Mühle
1 TL Zucker
50 ml Milch
3 Eier

Die Zwiebel schälen und fein hacken. Die Karotten putzen, schälen und fein raspeln. In einer Pfanne 1 TL Butter zerlassen. Die Zwiebel und die Karotten darin 5 Minuten dünsten. Vom Herd nehmen und abkühlen lassen.

Die restliche Butter zerlassen und in den Backautomaten füllen. Das Weizenmehl, die gemahlenen Mandeln, die abgeriebene Zitronenschale und den Zitronensaft dazugeben und in die Mitte eine Mulde drücken.

Die Milch erwärmen. Die Hefe zerbröckeln und mit dem Zucker und der Milch in die Mulde geben. Die Eier und 1 TL Salz hinzufügen. Die Karotten auf dem Mehl verteilen.

Das Programm nach Gebrauchsanweisung einstellen und das Brot backen. Das fertige Brot aus der Form stürzen und auf einem Gitterrost abkühlen lassen.

TIPP

Süße Variante: Fügen Sie statt der Zwiebel 100 g Rosinen und 100 g Zucker hinzu.

Österreichisches Gemüsebrot

1 dünne Lauchstange
250 g Möhren
150 g Knollensellerie
250 ml Gemüsebrühe
3 EL Öl
1 TL Salz
500 g helles Weizenmehl Type 405
1 Würfel Hefe (42 g)
1 TL Zucker

Den Lauch putzen, waschen und in feine Ringe schneiden. Möhren und Sellerie schälen und fein raspeln. Das Öl in einer Pfanne erhitzen und das Gemüse darin weich dünsten. Die Pfanne vom Herd nehmen und das Gemüse abkühlen lassen.

Die Gemüsebrühe erwärmen und mit dem Öl und dem Salz in den Backautomaten füllen. Das Mehl hinzufügen. Die Hefe zerbröckeln und mit dem Zucker in den Behälter geben. Die Gemüsemischung auf dem Mehl verteilen.

Das Programm nach Gebrauchsanweisung einstellen und das Brot backen. Das fertige Brot aus der Form stürzen und auf einem Gitterrost abkühlen lassen.

TIPP

Schmeckt lecker mit Kräuterquark.

Appenzeller Käsebrot

300 ml Wasser
2 EL Butter
1 TL Salz
200 g dunkles Weizenmehl Type 1050
250 g helles Weizenmehl Type 405
50 g Maismehl
100 g Appenzeller Käse
1 Päckchen Trockenhefe (7 g)
1 TL Zucker

Das Wasser erwärmen. Die Butter zerlassen und mit dem Wasser und dem Salz in den Backautomaten füllen. Das dunkle und das helle Mehl mit dem Maismehl mischen und hinzufügen.
Den Käse fein reiben. Die Trockenhefe mit dem Zucker und dem Käse auf dem Mehl verteilen.
Das Programm nach Gebrauchsanweisung einstellen und das Brot backen. Das fertige Brot aus der Form stürzen und auf einem Gitterrost abkühlen lassen.

TIPP

Genießen Sie das Käsebrot am besten mit frischer Butter und etwas Salz.

Elsässer Speckbrot

250 g durchwachsener Speck (am Stück)
105 g Butter
1 große Zwiebel
1 TL Kümmelkörner
250 ml Milch
1 Ei
1 TL Salz
450 g dunkles Weizenmehl Type 1050
1/2 Würfel Hefe (ca. 20 g)
1 TL Zucker

Den Speck von der Schwarte befreien und in kleine Würfel schneiden. In einer Pfanne 1 TL Butter zerlassen und den Speck darin andünsten. Die Zwiebel schälen, fein hacken, unter den Speck mischen und mitdünsten, bis die Zwiebeln glasig sind. Die Pfanne vom Herd nehmen und alles abkühlen lassen. Den Kümmel unterrühren.

Die Milch erwärmen und die restliche Butter zerlassen. Milch, flüssige Butter, Ei und Salz in den Backautomaten füllen. Das Mehl hinzufügen. Die Hefe zerbröckeln und mit dem Zucker in den Behälter geben. Die Speck-Zwiebelmischung auf dem Mehl verteilen.

Das Programm nach Gebrauchsanweisung einstellen und das Brot backen. Das fertige Brot aus der Form stürzen und auf einem Gitterrost abkühlen lassen.

TIPP

Das Speckbrot schmeckt köstlich mit einem trockenen Riesling aus dem Elsass.

Andalusisches Safranbrot

(Rezept Seite 50)

Mediterranes Bauernbrot

300 Gemüsebrühe
50 ml Olivenöl
2 EL Salz
1 TL getrockneter Oregano
1 TL getrockneter Thymian
500 g dunkles Weizenmehl
Type 1050
1 Würfel Hefe (42 g)
1 TL Zucker

Die Gemüsebrühe erwärmen und mit dem Olivenöl, dem Salz, dem Oregano und dem Thymian in den Backautomaten füllen. Das Weizenmehl hinzufügen. Die Hefe zerbröckeln und mit dem Zucker auf den restlichen Zutaten verteilen
Das Programm nach Gebrauchsanweisung einstellen und das Brot backen. Das fertige Brot aus der Form stürzen und auf einem Gitterrost abkühlen lassen.

TIPP

Das Bauernbrot passt hervorragend zu allen Gerichten der Mittelmeerküche.

Genueser Pestobrot

3 Eier
2 Knoblauchzehen
4 EL Pesto (aus dem Glas)
3 EL Olivenöl
1 TL Salz
300 g dunkles Weizenmehl Type 1050
1 Würfel Hefe (42 g)
1 TL Zucker

Die Eier in den Backautomaten geben. Den Knoblauch schälen und dazupressen. Das Pesto mit dem Olivenöl und dem Salz hinzufügen.
Das Mehl in den Behälter geben. Die Hefe zerbröckeln und mit dem Zucker auf den restlichen Zutaten verteilen.
Das Programm nach Gebrauchsanweisung einstellen und das Brot backen. Das fertige Brot aus der Form stürzen und auf einem Gitterrost abkühlen lassen.

TIPP

Probieren Sie dazu den Tomatenbelag (Seite 126).

Herzhaft: Leckere Gemüsebrote

Knoblauchbrot mit Petersilie

5 Knoblauchzehen
1 Bund glatte Petersilie
5 EL Butter
Salz
Pfeffer aus der Mühle
200 ml Milch
1 TL Salz
400 g helles Weizenmehl Type 550
1 Würfel Hefe (42 g)
1 Prise Zucker

Die Knoblauchzehen schälen und in sehr kleine Würfel schneiden. Die Petersilie waschen und trockenschütteln. Die Blättchen abzupfen und fein hacken. In einer breiten Pfanne 2 EL Butter erhitzen. Den Knoblauch mit der Petersilie darin bei schwacher Hitze etwa 5 Minuten dünsten. Mit Salz und Pfeffer würzen. Die Pfanne vom Herd nehmen und abkühlen lassen.

Die Milch erwärmen. Die restliche Butter zerlassen. Milch, flüssige Butter und das Salz in den Backautomaten füllen. Das Mehl hinzufügen. Die Hefe zerbröckeln und mit dem Zucker in den Behälter geben. Die Knoblauch-Petersilienmischung auf dem Mehl verteilen.

Das Programm nach Gebrauchsanweisung einstellen und das Brot backen. Das fertige Brot aus der Form stürzen und auf einem Gitterrost abkühlen lassen.

TIPP

Klasse zu Suppen und Salaten.

Schnittlauchbrot mit Kartoffeln

150 g mehlig kochende Kartoffeln (z. B. Primura)
1 Päckchen Trockenhefe (7 g)
400 g helles Weizenmehl Type 550
120 ml Buttermilch
1 Prise Salz
2 Eigelb
50 g weiche Butter
1 EL flüssiger Honig
1 Bund Schnittlauch

Die Kartoffeln in einem Topf knapp mit Wasser bedecken und zugedeckt etwa 20 Minuten garen. Kartoffeln pellen, noch heiß durch die Kartoffelpresse drücken und abkühlen lassen. Die Trockenhefe und das Mehl unter die Kartoffelmasse mischen. Den Kartoffelteig in den Backautomaten geben.
Die Buttermilch erwärmen. Salz, Eigelb, Buttermilch, Butter und Honig hinzufügen. Den Schnittlauch waschen, trockenschütteln, in feine Röllchen schneiden und auf den restlichen Zutaten verteilen.
Das Programm nach Gebrauchsanweisung einstellen und das Brot backen. Das fertige Brot aus der Form stürzen und auf einem Gitterrost abkühlen lassen.

Indisches Sesambrot mit Curry

(Rezept Seite 54)

Herzhaftes Zwiebelbrot

100 g durchwachsener
Speck (am Stück)
250 g Zwiebeln
2 EL Öl
Salz
Pfeffer aus der Mühle
2 TL Kümmelkörner

200 ml Milch
3 EL Butter
400 g dunkles Roggenmehl
Type 1150
1 Würfel Hefe (42 g)
1 Prise Zucker

Den Speck von der Schwarte befreien. Die Zwiebeln schälen. Speck und Zwiebeln in kleine Würfel schneiden. Das Öl in einer breiten Pfanne erhitzen. Die Zwiebel- und Speckwürfel darin bei schwacher Hitze etwa 10 Minuten dünsten. Mit Salz und Pfeffer würzen und den Kümmel unterrühren. Die Pfanne vom Herd nehmen und die Zwiebel-Speckmischung abkühlen lassen.
Die Milch erwärmen und die Butter zerlassen. Milch, flüssige Butter und 1 TL Salz in den Backautomaten füllen. Das Mehl hinzufügen. Die Hefe zerbröckeln und mit dem Zucker in den Behälter geben. Die gedünsteten Zwiebeln und den Speck auf dem Mehl verteilen.
Das Programm nach Gebrauchsanweisung einstellen und das Brot backen. Das fertige Brot aus der Form stürzen und auf einem Gitterrost abkühlen lassen.

TIPP

Ideal dazu: Robiola-Tomatencreme (Seite 130).

Pikantes Paprikabrot

2 kleine rote Paprikaschoten
1 mittelgroße Zwiebel
1 TL Olivenöl
Salz
Pfeffer aus der Mühle
1/2 TL mittelscharfes
Paprikapulver
50 ml Milch
100 ml Olivenöl
2 Eier
450 g dunkles Weizenmehl
Type 1050
1 Würfel Hefe (42 g)
1 Prise Zucker

Die Paprikaschoten putzen, entkernen, waschen und in kleine Würfel schneiden. Die Zwiebel schälen und fein hacken. In einer Pfanne das Öl erhitzen, die Zwiebel mit den Paprikawürfeln darin 3 Minuten dünsten und mit Salz, Pfeffer und Paprikapulver kräftig würzen. Die Pfanne vom Herd nehmen und die Paprikawürfel abkühlen lassen.
Die Milch erwärmen. Das Olivenöl, die Milch und die Eier in den Backautomaten füllen. Das Mehl hinzufügen. Die Hefe zerbröckeln und mit dem Zucker in den Behälter geben. Die Paprikamischung auf dem Mehl verteilen.
Das Programm nach Gebrauchsanweisung einstellen und das Brot backen. Das fertige Brot aus der Form stürzen und auf einem Gitterrost abkühlen lassen.

TIPP

Super mit Guacamole
(Seite 128).

Gemüse-Haselnussbrot

1 dünne Lauchstange
2 Möhren
100 g Knollensellerie
105 g Butter
Salz
Pfeffer aus der Mühle
400 g helles Weizenmehl Type 550
50 g Weizenvollkornmehl
50 g gemahlene Haselnüsse
50 ml Milch
1 TL Zucker
1 Würfel Hefe (42 g)
3 Eier
1/2 TL mittelscharfes Paprikapulver

Den Lauch putzen, waschen und in feine Ringe schneiden. Die Möhren und den Sellerie schälen und fein raspeln. In einer Pfanne 1 TL Butter zerlassen und das Gemüse darin 5 Minuten dünsten. Mit Salz und Pfeffer würzen, vom Herd nehmen und abkühlen lassen.

Die restliche Butter zerlassen und in den Backautomaten geben. Das Weizenmehl, das Weizenvollkornmehl und die gemahlenen Haselnüsse mischen, hinzufügen und in die Mitte eine Mulde drücken.

Die Milch erwärmen. Die Hefe zerbröckeln und mit dem Zucker und der Milch in die Mulde geben. Die Eier, 1 TL Salz und das Paprikapulver hinzufügen. Das Gemüse auf den restlichen Zutaten verteilen.

Das Programm nach Gebrauchsanweisung einstellen und das Brot backen. Das fertige Brot aus der Form stürzen und auf einem Gitterrost abkühlen lassen.

TIPP

Köstlich mit Möhren-Schnittlauchcreme (Seite 132).

Frühlingszwiebelbrot

4 Frühlingszwiebeln
1 EL Öl
250 ml Wasser
50 ml Olivenöl
1 TL Salz
450 g dunkles Weizenmehl Type 1050
1 Päckchen Trockenhefe (7 g)
1 TL Zucker

Die Frühlingszwiebeln putzen, waschen und in feine Ringe schneiden. Das Öl in einer Pfanne erhitzen und die Frühlingszwiebeln darin weich dünsten. Die Pfanne vom Herd nehmen und die Frühlingszwiebeln abkühlen lassen.
Das Wasser erwärmen und mit dem Olivenöl und dem Salz in den Backautomaten füllen. Mehl, Trockenhefe und Zucker hinzufügen. Die Frühlingszwiebeln auf dem Mehl verteilen.
Das Programm nach Gebrauchsanweisung einstellen und das Brot backen. Das fertige Brot aus der Form stürzen und auf einem Gitterrost abkühlen lassen.

TIPP

Ganz ideal dazu: Lachscreme mit Senf (Seite 141).

Champignonbrot mit Thymian

250 g Champignons
1 EL Zitronensaft
2 Knoblauchzehen
1–2 TL frische Thymianblättchen
300 ml Gemüsebrühe
2 EL Butter
2 TL Salz
225 g helles Weizenmehl Type 550
225 g dunkles Weizenmehl Type 1050
1 Päckchen Trockenhefe (7 g)
2 TL Zucker

Die Champignons putzen, mit Küchenpapier trocken abreiben und in dickere Scheiben schneiden. Mit dem Zitronensaft beträufeln, damit sie sich nicht dunkel verfärben. Den Knoblauch schälen und dazupressen. Die Thymianblättchen untermischen.
Die Gemüsebrühe erwärmen. Die Butter zerlassen. Gemüsebrühe, flüssige Butter und das Salz in den Backautomaten füllen. Helles und dunkles Mehl mischen und mit der Trockenhefe und dem Zucker hinzufügen. Die Pilze auf den restlichen Zutaten verteilen.
Das Programm nach Gebrauchsanweisung einstellen und das Brot backen. Das fertige Brot aus der Form stürzen und auf einem Gitterrost abkühlen lassen.

TIPP

Passt zu allen Salaten.

Rote-Bete-Brot

150 ml Milch
150 ml Rote-Bete-Saft (aus dem Reformhaus)
1 TL Salz
Pfeffer aus der Mühle
450 g helles Weizenmehl Type 405
150 g Maismehl
1/2 Würfel Hefe (ca. 20 g)
1 TL Zucker

Die Milch erwärmen. Milch, Rote-Bete-Saft, Salz und Pfeffer in den Backautomaten füllen. Das Weizenmehl mit dem Maismehl mischen und hinzufügen. Die Hefe zerbröckeln und mit dem Zucker auf den restlichen Zutaten verteilen.
Das Programm nach Gebrauchsanweisung einstellen und das Brot backen. Das fertige Brot aus der Form stürzen und auf einem Gitterrost abkühlen lassen.

TIPP

Durch den Rote-Bete-Saft bekommt das Brot eine auffällige Farbe.

Avocadobrot

2 reife Avocados
Saft von 1/2 Zitrone
250 ml Milch
1 Ei
1 TL Salz
Pfeffer aus der Mühle
500 g helles Weizenmehl Type 405
1 Päckchen Trockenhefe (7 g)
1 TL Zucker

Die Avocados längs halbieren, den Stein entfernen und das Fruchtfleisch mit einem Löffel herauslösen. Mit Zitronensaft beträufeln und mit einer Gabel fein zerdrücken.

Die Milch erwärmen. Avocadopüree, Milch, Ei, Salz und Pfeffer in den Backautomaten geben. Das Mehl mit der Trockenhefe und dem Zucker hinzufügen.

Das Programm nach Gebrauchsanweisung einstellen und das Brot backen. Das fertige Brot aus der Form stürzen und auf einem Gitterrost abkühlen lassen.

TIPP

Das Avocadobrot schmeckt mit Butter und Tomaten ganz köstlich.

Kräuterbrot mit Pistazien

1 Bund gemischte Kräuter (z. B. Petersilie, Schnittlauch, Basilikum)
100 ml Milch
250 g Kräuterquark
2 EL weiche Butter
1 TL Salz
2 Eier
450 g Weizenvollkornmehl Type 1050
50 g gehackte Pistazien
1/2 Würfel Hefe (20 g)
1 TL Zucker

Die Kräuter waschen und abtrocknen. Die Blättchen abzupfen und fein hacken bzw. den Schnittlauch in feine Röllchen schneiden. Die Milch erwärmen. Kräuterquark, Milch, Butter, Salz und Eier in den Backautomaten füllen. Das Mehl und die Pistazien hinzufügen. Die Hefe zerbröckeln und mit dem Zucker auf den restlichen Zutaten verteilen. Die Kräuter darüberstreuen.
Das Programm nach Gebrauchsanweisung einstellen und das Brot backen. Das fertige Brot aus der Form stürzen und auf einem Gitterrost abkühlen lassen.

KARTOFFEL-TOMATENBROT

250 g mehlig kochende
Kartoffeln (z. B. Primura)
Salz
250 ml Wasser
80 g weiche Butter
2 Eier
450 g dunkles Weizenmehl
Type 1050
1 Päckchen Trockenhefe
(7 g)
2 EL flüssiger Honig
100 g getrocknete Tomaten

Die Kartoffeln schälen und in einen Topf geben. Knapp mit Wasser bedecken, etwas Salz hinzufügen und zugedeckt ca. 25 Minuten garen. Die heißen Kartoffeln durch die Kartoffelpresse in eine Schüssel pressen. Das Mehl untermischen.
Das Wasser erwärmen. Wasser, Butter und Eier in den Backautomaten füllen. Die Kartoffelmischung hinzufügen.
Die Tomaten in kleine Würfel schneiden. Trockenhefe, Honig und Tomaten auf den restlichen Zutaten verteilen.
Das Programm nach Gebrauchsanweisung einstellen und das Brot backen. Das fertige Brot aus der Form stürzen und auf einem Gitterrost abkühlen lassen.

TIPP

Klasse zum Sonntagsfrühstück: Am besten am Abend vorbereiten, den Brotbackautomaten programmieren und das Brot über Nacht backen.

Zucchini-Panettone mit Pinienkernen

(Foto Seite 91)

150 g Zucchini
1 EL Olivenöl
2 Knoblauchzehen
250 ml Milch
2 Eier
1 EL weiche Butter
1/2 TL Salz
400 g helles Weizenmehl Type 405
1 Würfel Hefe (42 g)
50 g Zucker
50 g Pinienkerne

Die Zucchini putzen, waschen und grob raspeln. Das Olivenöl in einer Pfanne erhitzen und die Zucchini darin 5 Minuten dünsten. Den Knoblauch schälen und dazupressen.
In einem kleinen Topf 200 ml Milch erwärmen. Milch, Eier, Butter und Salz in den Backautomaten geben. Das Weizenmehl hinzufügen. Die Hefe zerbröckeln und mit der restlichen Milch und dem Zucker in den Behälter geben. Die Pinienkerne hacken und mit den Zucchini auf dem Mehl verteilen.
Das Programm nach Gebrauchsanweisung einstellen und das Brot backen. Das fertige Brot aus der Form stürzen und auf einem Gitterrost abkühlen lassen.

TIPP

Zum Wein: als Häppchen mit Dips.

Sauerkrautbrot

1 EL Öl
150 g Drei-Minuten-Sauerkraut (vorgegart, aus der Dose)
1/2 Bund Schnittlauch
250 ml Wasser
50 ml Olivenöl
1 EL Salz
450 g dunkles Weizenmehl Type 1050
1 Päckchen Trockenhefe (7 g)
1 TL Zucker

Das Öl in einer Pfanne erhitzen und das Sauerkraut darin 5 Minuten dünsten. Den Schnittlauch waschen, trockenschütteln, in feine Röllchen schneiden und untermischen. Die Pfanne vom Herd nehmen und das Sauerkraut abkühlen lassen.
Das Wasser erwärmen. Wasser, Olivenöl und Salz in den Backautomaten füllen. Mehl, Trockenhefe und Zucker hinzufügen. Das Sauerkraut auf dem Mehl verteilen.
Das Programm nach Gebrauchsanweisung einstellen und das Brot backen. Das fertige Brot aus der Form stürzen und auf einem Gitterrost abkühlen lassen.

TIPP

Schmeckt perfekt mit Leberwurst oder anderen deftigen Wurstsorten.

Bärlauchbrot mit Pinienkernen

50 g Pinienkerne
2 Bund Bärlauch
200 ml warme Milch
3 EL flüssige Butter
1 TL Salz
1 Prise Pfeffer aus der Mühle
400 g helles Weizenmehl
Type 550
1 Würfel zerbröckelte Hefe
1 Prise Zucker

Die Pinienkerne in einer trockenen Pfanne ohne Fett bei milder Hitze goldbraun rösten. Beiseite stellen und abkühlen lassen. Den Bärlauch waschen, trockentupfen und von den Stielen befreien. Die Blätter in schmale Streifen schneiden und mit den Pinienkernen mischen. Die warme Milch mit der flüssigen Butter und dem Salz und einer Prise Pfeffer in den Behälter geben. Das Mehl mit der zerbröckelten Hefe und dem Zucker hinzufügen. Die Bärlauch-Pinienkernmischung auf dem Mehl verteilen. Das Programm nach Gebrauchsanweisung einstellen und das Brot backen. Das fertige Brot aus der Form stürzen und auf einem Gitterrost abkühlen lassen.

Zucchini-Panettone mit Pinienkernen
(Rezept Seite 88)

Verführerisch: Süsse Köstlichkeiten

Schokoladenbrot

300 ml Milch
450 g helles Weizenmehl
Type 550
50 g Kakaopulver
1 Würfel Hefe (42 g)
100 g Zucker
100 g Vollmilchschokolade
Puderzucker zum Bestäuben

Die Milch erwärmen. 250 ml Milch in den Backautomaten füllen. Das Mehl hinzufügen. Die Hefe zerbröckeln. Kakaopulver, Zucker und die Hefe mit der restlichen warmen Milch in den Behälter geben. Die Schokolade fein raspeln und auf dem Mehl verteilen.
Das Programm nach Gebrauchsanweisung einstellen und das Brot backen. Das fertige Brot aus der Form stürzen und auf einem Gitterrost abkühlen lassen. Nach Belieben mit Puderzucker bestäuben.

Cappuccino-Brot

150 g Sahne
150 ml warmer Espresso
oder starker Kaffee
100 g Zucker
450 g helles Weizenmehl
Type 405
1 Würfel Hefe (42 g)
50 g gehackte Mandeln

Die Sahne erwärmen. Den Espresso mit 100 g Sahne und 50 g Zucker in den Backautomaten füllen. Das Weizenmehl hinzufügen. Die Hefe zerbröckeln und mit der restlichen Sahne und dem restlichen Zucker in den Behälter geben. Die Mandeln auf dem Mehl verteilen.

Das Programm nach Gebrauchsanweisung einstellen und das Brot backen. Das fertige Brot aus der Form stürzen und auf einem Gitterrost abkühlen lassen.

Honigbrot mit Ingwer

1 Stück Ingwer (ca. 3 cm)
300 ml Milch
5 EL flüssiger Honig
450 g helles Weizenmehl
Type 550
1 Würfel Hefe (42 g)
2 EL Zucker
50 g Walnusskerne

Den Ingwer schälen und fein hacken. Die Milch erwärmen. 250 ml warme Milch, den Ingwer und den Honig in den Backautomaten geben. Das Mehl hinzufügen.
Die Hefe zerbröckeln, mit dem Zucker und der restlichen Milch in den Behälter geben. Die Walnusskerne hacken und auf dem Mehl verteilen.
Das Programm nach Gebrauchsanweisung einstellen und das Brot backen. Das fertige Brot aus der Form stürzen und auf einem Gitterrost abkühlen lassen.

TIPP

Getoastet besonders köstlich!

Mandel-Zitronenbrot

250 g Sahnequark
100 g Zucker
Saft von 1 Zitrone
2 Eier
1/2 TL Salz
250 g helles Weizenmehl Type 405
200 g gemahlene Mandeln
1/2 Würfel Hefe (ca. 20 g)

Den Sahnequark mit 50 g Zucker, dem Zitronensaft, den Eiern und dem Salz in einer Schüssel verrühren und in den Backautomaten geben.
Das Mehl mit den gemahlenen Mandeln hinzufügen. Die Hefe zerbröckeln und mit dem restlichen Zucker in den Behälter geben.
Das Programm nach Gebrauchsanweisung einstellen und das Brot backen. Das fertige Brot aus der Form stürzen und auf einem Gitterrost abkühlen lassen.

Klassischer Panettone

(Rezept Seite 103)

PFLAUMENBROT

200 g Kurpflaumen (ohne Stein)
6 EL Zwetschgenschnaps
250 ml Milch
125 ml Ahornsirup
1/2 TL Salz
300 g helles Roggenmehl Type 997
150 g helles Weizenmehl Type 405
1/2 Würfel Hefe (ca. 20 g)
3 EL flüssiger Sauerteig
50 g Zucker
50 g gehackte Haselnüsse

Die Kurpflaumen in kleine Würfel schneiden. Mit dem Zwetschgenschnaps beträufeln und kurz ziehen lassen.
Die Milch erwärmen. Milch, Ahornsirup und Salz in den Backautomaten füllen. Roggen- und Weizenmehl mischen und hinzufügen. Die Hefe zerbröckeln. Hefe, Sauerteig und Zucker in den Behälter geben. Die marinierten Früchte mit den Haselnüssen auf dem Mehl verteilen.
Das Programm nach Gebrauchsanweisung einstellen und das Brot backen. Das fertige Brot aus der Form stürzen und auf einem Gitterrost abkühlen lassen.

Kokosbrot mit Rum

(Foto Seite 135)

150 g Kokosflocken
4 EL Rum
50 ml Milch
250 g Sahnequark
100 g Zucker
1 Ei
1/2 TL Salz
400 g helles Weizenmehl Type 405
1 Würfel Hefe (42 g)

Die Kokosflocken mit dem Rum mischen und kurz quellen lassen. Die Milch erwärmen. Sahnequark, Milch, 50 g Zucker, Ei und Salz in einer Schüssel verrühren und in den Backautomaten füllen. Das Weizenmehl hinzufügen.

Die Hefe zerbröckeln und mit dem restlichen Zucker in den Behälter geben. Die marinierten Kokosflocken auf dem Mehl verteilen.

Das Programm nach Gebrauchsanweisung einstellen und das Brot backen. Das fertige Brot aus der Form stürzen und auf einem Gitterrost abkühlen lassen.

Klassischer Panettone

(Foto Seite 99)

250 ml Milch
2 Eier
1 EL weiche Butter
1/2 TL Salz
400 g helles Weizenmehl Type 405
1 Würfel Hefe (42 g)
50 g Zucker
100 g Rosinen
50 g gehackte Mandeln

Die Milch erwärmen. 200 ml Milch, Eier, Butter und Salz in den Backautomaten füllen. Das Weizenmehl hinzufügen.
Die Hefe zerbröckeln und mit der restlichen Milch und dem Zucker in den Behälter geben. Die Rosinen und die gehackten Mandeln auf dem Mehl verteilen.
Das Programm nach Gebrauchsanweisung einstellen und das Brot backen. Das fertige Brot aus der Form stürzen und auf einem Gitterrost abkühlen lassen.

TIPP

Super zum Sonntagsbrunch.

Zitronat-Kartoffelbrot

250 g mehlig kochende Kartoffeln (z. B. Primura)
Salz
450 g helles Weizenmehl Type 405
1 Päckchen Trockenhefe (7 g)
250 ml warmes Wasser
80 g weiche Butter
2 Eier
2 EL flüssiger Honig
100 g Zitronat und Orangeat

Die Kartoffeln schälen und in einen Topf geben. Knapp mit Wasser bedecken, etwas Salz zufügen und zugedeckt ca. 25 Minuten garen. Abgießen und die heißen Kartoffeln durch die Kartoffelpresse in eine Schüssel drücken. Das Mehl und die Trockenhefe untermischen. Den Kartoffelteig in den Backautomaten geben.

Das Wasser erwärmen. Wasser, Butter, Eier, Honig und 1 Prise Salz in den Behälter füllen. Zitronat und Orangeat in kleine Würfel schneiden und auf den restlichen Zutaten verteilen.

Das Programm nach Gebrauchsanweisung einstellen und das Brot backen. Das fertige Brot aus der Form stürzen und auf einem Gitterrost abkühlen lassen.

Nutellabrot

(Foto Seite 117)

250 ml Milch
250 g Quark (20 %)
200 g Nutella
400 g helles Weizenmehl
Type 405
50 g gemahlene Haselnüsse
1 Würfel Hefe (42 g)
1 TL Zucker

Die Milch erwärmen. 200 ml Milch, Quark und Nutella in den Backautomaten füllen. Das Weizenmehl und die gemahlenen Haselnüsse hinzufügen.
Die Hefe zerbröckeln und mit dem Zucker und der restlichen Milch in den Behälter geben.
Das Programm nach Gebrauchsanweisung einstellen und das Brot backen. Das fertige Brot aus der Form stürzen und auf einem Gitterrost abkühlen lassen.

Vanillebrot mit Mandeln

2 Vanilleschoten
250 ml Milch
50 g Sahne
2 Eier
Salz
350 g helles Weizenmehl Type 405
100 g gemahlene Mandeln
1 Würfel Hefe (42 g)
100 g Zucker
1 Päckchen Vanillezucker
Puderzucker zum Bestäuben

Die Vanilleschoten längs aufschneiden, das Mark herauskratzen und in die Milch rühren. Die Milch erwärmen. Milch, Sahne, Eier und 1 Prise Salz in den Backautomaten füllen.
Das Mehl und die gemahlenen Mandeln hinzufügen. Die Hefe zerbröckeln und mit dem Zucker in den Behälter geben.
Das Programm nach Gebrauchsanweisung einstellen und das Brot backen. Das fertige Brot aus der Form stürzen und auf einem Gitterrost abkühlen lassen. Den Puderzucker mit dem Vanillezucker mischen und das Brot damit bestäuben.

TIPP

Das Vanillebrot schmeckt ganz besonders gut mit Orangenmarmelade.

Orangenbrot

250 ml Milch
2 Eier
1 TL Salz
400 g helles Weizenmehl Type 550
50 g gemahlene Mandeln
1/2 Würfel Hefe (ca. 20 g)
50 g Zucker
1 Prise gemahlener Zimt
2 TL abgeriebene Orangenschale (unbehandelt)
1 Prise frisch geriebene Muskatnuss

Für den Guss:
100 g Puderzucker
2 TL Orangensaft

Die Milch erwärmen. Milch, Eier und das Salz in den Backautomaten füllen. Das Weizenmehl mit den Mandeln mischen und hinzufügen. Die Hefe zerbröckeln und mit dem Zucker in den Behälter geben. Den Zimt, die abgeriebene Orangenschale und die geriebene Muskatnuss auf dem Mehl verteilen.
Das Programm nach Gebrauchsanweisung einstellen und das Brot backen. Das fertige Brot aus der Form stürzen und auf einem Gitterrost abkühlen lassen. Für den Guss den Puderzucker mit dem Orangensaft verrühren und das Brot damit bestreichen.

Süsses Gewürzbrot

250 ml Milch
2 Eier
1 EL Öl
100 g brauner Zucker
1/2 TL Salz
400 g helles Weizenmehl Type 405
50 g gemahlene Haselnüsse
1 Würfel Hefe (42 g)
1 TL gemahlener Zimt
je 1 Prise gemahlene Nelken, Ingwer und Anis
100 g Rosinen

Die Milch erwärmen. 200 ml Milch mit den Eiern, dem Öl, 50 g Zucker und dem Salz in den Backautomaten füllen. Das Mehl und die Haselnüsse hinzufügen. Die Hefe zerbröckeln und mit der restlichen Milch und dem restlichen Zucker in den Behälter geben. Die Gewürze mit den Rosinen auf dem Mehl verteilen.
Das Programm nach Gebrauchsanweisung einstellen und das Brot backen. Das fertige Brot aus der Form stürzen und auf einem Gitterrost abkühlen lassen.

Rosinen-Walnussbrot

250 ml Milch
1 EL weiche Butter
1 Prise Salz
1 Ei
450 g Weizenmehl Type 550
1 Würfel Hefe (42 g)
100 g Zucker
100 g Walnusskerne
125 g Rosinen
1 TL gemahlener Zimt

Die Milch erwärmen. 200 ml Milch mit der Butter, dem Salz und dem Ei in den Backautomaten füllen. Das Weizenmehl hinzufügen. Die Hefe zerbröckeln und mit 50 g Zucker und der restlichen Milch in den Behälter geben. Die Walnusskerne hacken und mit den Rosinen, dem restlichen Zucker und dem Zimt auf dem Mehl verteilen. Das Programm nach Gebrauchsanweisung einstellen und das Brot backen. Das fertige Brot aus der Form stürzen und auf einem Gitterrost abkühlen lassen.

Aprikosenbrot

250 ml Milch
150 g Aprikosenmarmelade
1/2 TL Salz
2 Eier
400 g helles Weizenmehl Type 405
100 g Weizenvollkornmehl
1 Würfel Hefe (42 g)
50 g Zucker
150 g Kuraprikosen (ohne Stein)

Die Milch erwärmen. 200 ml Milch, die Aprikosenmarmelade, das Salz und die Eier in den Backautomaten füllen. Das Weizenmehl mit dem Weizenvollkornmehl hinzufügen.
Die Hefe zerbröckeln, mit dem Zucker und der restlichen Milch in den Behälter geben und kurz gehen lassen. Die Kuraprikosen in kleine Würfel schneiden und auf dem Mehl verteilen.
Das Programm nach Gebrauchsanweisung einstellen und das Brot backen. Das fertige Brot aus der Form stürzen und auf einem Gitterrost abkühlen lassen.

Zimtbrot mit Nüssen

150 ml Milch
2 EL Crème fraîche
2 EL weiche Butter
1 TL Zitronensaft
100 g flüssiger Honig
250 g helles Weizenmehl Type 405
200 g gemahlene Haselnüsse
2 TL gemahlener Zimt
1/2 Würfel Hefe (ca. 20 g)
1 TL Zucker

Die Milch erwärmen. Milch, Crème fraîche, Butter, Zitronensaft und Honig in den Backautomaten füllen. Das Mehl, die Haselnüsse und den Zimt hinzufügen. Die Hefe zerbröckeln und mit dem Zucker in den Behälter geben.
Das Programm nach Gebrauchsanweisung einstellen und das Brot backen. Das fertige Brot aus der Form stürzen und auf einem Gitterrost abkühlen lassen.

TIPP

Schmeckt köstlich zu Kakao.

Dreifruchtbrot

je 50 g Feigen, Aprikosen und Kurpflaumen (jeweils ohne Stein)
1 EL Schnaps
200 ml warmes Wasser
100 ml Milch
50 ml Ahornsirup
300 g Roggenvollkornmehl
100 g dunkles Roggenmehl Type 1150
3 EL Sauerteig
1 Päckchen Trockenhefe (7 g)

Feigen, Aprikosen und Kurpflaumen in kleine Würfel schneiden. Früchte in eine Schüssel geben, mit dem Schnaps beträufeln und kurz ziehen lassen.
Das Wasser und die Milch erwärmen. Wasser, Milch und Ahornsirup in den Backautomaten füllen. Vollkornmehl, Roggenmehl, Sauerteig und Trockenhefe mischen und hinzufügen. Die Früchte auf dem Mehl verteilen.
Das Programm nach Gebrauchsanweisung einstellen und das Brot backen. Das fertige Brot aus der Form stürzen und auf einem Gitterrost abkühlen lassen.

TIPP

Das Dreifruchtbrot schmeckt super mit Butter und Honig, ist aber auch solo und noch lauwarm ein besonderer Genuss.

Bienenstichbrot

100 g Mandelstifte
250 ml Milch
50 g Sahne
2 Eier
150 g Zucker
350 g helles Weizenmehl Type 405
1 Päckchen Vanillezucker
1 Würfel Hefe (42 g)

Die Mandelstifte in einer beschichteten Pfanne ohne Fett goldbraun rösten, vom Herd nehmen und abkühlen lassen.
Die Milch erwärmen. 100 ml Milch, die Sahne, die Eier und 75 g Zucker in den Backautomaten füllen. Das Weizenmehl und die Mandeln mit dem Vanillezucker mischen und hinzufügen. Die Hefe zerbröckeln und mit dem restlichen Zucker und der restlichen Milch in den Behälter geben.
Das Programm nach Gebrauchsanweisung einstellen und das Brot backen. Das fertige Brot aus der Form stürzen und auf einem Gitterrost abkühlen lassen.

TIPP

Schmeckt mit säuerlicher Marmelade wie schwarzer Johannisbeer- oder Stachelbeermarmelade, aber auch sehr gut mit Orangenmarmelade.

Teebrot mit Rumrosinen

100 g Rosinen
5 EL Rum
150 ml schwarzer Tee
450 g helles Weizenmehl Type 550
100 g Zucker
100 g gehackte Mandeln
1 Würfel Hefe (42 g)
150 g Sahne

Die Rosinen mit dem Rum in einer Schüssel mischen und kurz ziehen lassen. Den Tee in den Backautomaten füllen.
Das Weizenmehl mit 50 g Zucker und den Mandeln mischen und hinzufügen. Die Hefe zerbröckeln und mit dem restlichen Zucker und der Sahne in den Behälter geben. Die Rumrosinen auf dem Mehl verteilen.
Das Programm nach Gebrauchsanweisung einstellen und das Brot backen. Das fertige Brot aus der Form stürzen und auf einem Gitterrost abkühlen lassen.

TIPP

Wie Früchtebrot schmeckt das Teebrot auch lauwarm. In kleinen Bröckchen mit Vanillesauce serviert ist es ein schöner winterlicher Nachtisch.

Früchteteebrot mit frischer Minze

100 g frische Minze
150 ml Früchtetee
450 g helles Weizenmehl Type 405
100 g brauner Zucker
150 ml Milch
1 Würfel Hefe (42 g)

Die Minze waschen, trockenschütteln und klein zupfen. Kurz in einer beschichteten Pfanne ohne Fett anrösten, vom Herd nehmen und abkühlen lassen.
Den Früchtetee in den Backautomaten füllen. Das Mehl mit 50 g Zucker und der Minze vermischen und hinzufügen. Die Milch erwärmen. Die Hefe zerbröckeln und mit dem restlichen Zucker und der Milch in den Behälter geben.
Das Programm nach Gebrauchsanweisung einstellen und das Brot backen. Das fertige Brot aus der Form stürzen und auf einem Gitterrost abkühlen lassen.

TIPP

Stechen Sie aus dem Früchteteebrot kleine runde Taler aus und servieren Sie diese mit kalter Gänsebrust und Preiselbeeren oder Wildschinken belegt.

Bananenbrot

3 reife Bananen
Saft von 1/2 Zitrone
2 Eier
2 EL Öl
175 g Dinkelvollkornmehl
100 g helles Weizenmehl
Type 550
1 TL gemahlener Zimt
75 g brauner Zucker
1 TL Trockenhefe

Die Bananen mit dem Zitronensaft, den Eiern und dem Öl im Küchenmixer pürieren. Die Bananenmasse in den Backautomaten füllen.
Das Dinkelvollkorn- und das Weizenmehl mit dem Zimt, dem Zucker und der Trockenhefe mischen und hinzufügen.
Das Programm nach Gebrauchsanweisung einstellen und das Brot backen. Das fertige Brot aus der Form stürzen und auf einem Gitterrost abkühlen lassen.

TIPP

Schmeckt lauwarm gut,
aber auch mit Marmelade.

Nutellabrot

(Rezept Seite 105)

Beschwipstes Dattelbrot

150 g Datteln
150 ml Obstschnaps
300 ml warme Milch
450 g helles Weizenmehl
Type 550
50 g Weizenbackschrot
Type 1700
1 TL gemahlener Zimt
4 EL Zucker
1 Würfel Hefe (42 g)

Die Datteln in kleine Würfel schneiden und in einer Schüssel mit dem Obstschnaps vermischen. Die Milch erwärmen. 200 ml Milch in den Backautomaten füllen.

Weizenmehl, Weizenvollkornschrot, Zimt und 2 EL Zucker mischen und hinzufügen. Die Hefe zerbröckeln und mit dem restlichen Zucker und der restlichen Milch in den Behälter geben. Die marinierten Datteln mit dem Schnaps auf dem Mehl verteilen.

Das Programm nach Gebrauchsanweisung einstellen und das Brot backen. Das fertige Brot aus der Form stürzen und auf einem Gitterrost abkühlen lassen.

Erdnussbrot

250 ml Milch
250 g Quark (20 %)
200 g Erdnussbutter
100 g Erdnusskerne
400 g helles Weizenmehl Type 405
1 Würfel Hefe (42 g)
1 TL Zucker

Die Milch erwärmen. Milch, Quark und Erdnussbutter in den Backautomaten füllen. Die Erdnusskerne fein hacken und mit dem Weizenmehl hinzufügen. Die Hefe zerbröckeln und mit dem Zucker auf dem Mehl verteilen.
Das Programm nach Gebrauchsanweisung einstellen und das Brot backen. Das fertige Brot aus der Form stürzen und auf einem Gitterrost abkühlen lassen.

TIPP

Mit Quark und Honig ein Genuss.

Streichzart: Raffinierte Aufstriche

Gorgonzola-Creme

150 g Gorgonzola
2 EL Sahne
200 g Doppelrahm-Frischkäse
1/2 Bund Petersilie
1 TL Zitronensaft
Salz
Pfeffer aus der Mühle

Den Gorgonzola mit der Sahne in eine Schüssel geben und mit einer Gabel fein zerdrücken. Den Frischkäse unterrühren. Die Petersilie waschen und trockenschütteln. Die Blättchen abzupfen, fein hacken und unter die Käsecreme mischen. Die Gorgonzolacreme mit Zitronensaft, Salz und Pfeffer abschmecken.

Putencreme mit Curry

600 g Putenschnitzel
150 g Räucherspeck in dünnen Scheiben
1 große Zwiebel
1 kleiner Apfel
1 EL Öl
1 EL Currypulver
Salz
Pfeffer aus der Mühle

Die Putenschnitzel waschen, trockentupfen und in schmale Streifen schneiden. Den Speck klein schneiden. Die Zwiebel schälen und fein hacken. Den Apfel schälen, vierteln und das Kerngehäuse entfernen. Apfel in dünne Scheiben schneiden.
Das Öl in einer Pfanne erhitzen und den Speck darin langsam ausbraten, Zwiebel und Apfelscheiben hinzufügen und glasig dünsten. Das Putenfleisch untermischen, und zugedeckt etwa 20 Minuten garen.
Das Currypulver unterrühren und die Masse mit Salz und Pfeffer würzen. Zwei Drittel des Pfanneninhalts herausnehmen, mit dem Stabmixer oder im Küchenmixer fein pürieren und wieder untermischen. Die Putencreme für mindestens 30 Minuten kühl stellen.

Geflügelleberaufstrich

1 kleine Knoblauchzehe
1 kleine Zwiebel
2 EL Olivenöl
2 EL Butter
300 g Geflügelleber
1 EL Kapern (aus dem Glas)
1 EL Tomatenpüree
100 ml Weißwein
Salz
Pfeffer aus der Mühle
1/2 Bund Schnittlauch

Den Knoblauch und die Zwiebel schälen und fein hacken. Olivenöl mit der Butter in einer Pfanne erhitzen. Zwiebel und Knoblauch darin weich dünsten.
Die Geflügelleber waschen und trockentupfen. In kleine Stücke schneiden und in die Pfanne geben. Die Kapern abtropfen lassen, fein hacken und mit dem Tomatenmark untermischen. Alles 5 Minuten garen. Den Weißwein angießen und ganz verdunsten lassen. Die Masse mit Salz und Pfeffer würzen.
Den Schnittlauch waschen, trockentupfen, in sehr feine Röllchen schneiden und unterrühren. Den Geflügelleberaufstrich abkühlen lassen.

TOMATENBELAG

2 große Fleischtomaten
2 Knoblauchzehen
1/2 Bund Basilikum
3 EL Olivenöl

Die Fleischtomaten überbrühen, häuten, halbieren, entkernen und in kleine Würfel schneiden. Die Tomatenwürfel in eine Schüssel geben. Den Knoblauch schälen und dazupressen. Das Basilikum waschen und trockenschütteln. Die Blättchen abzupfen, grob hacken und mit dem Olivenöl untermischen. Tomaten mit Salz und Pfeffer würzen.

TIPP

Schmeckt besonders gut auf gerösteten Brotscheiben.

Mexikanische Bohnencreme

1 Dose Kidney-Bohnen (340 g Abtropfgewicht)
1 kleine Zwiebel
2 Knoblauchzehen
1 frische Chilischote
4 EL Olivenöl
100 ml Tomatensaft
1/2 Bund Koriander
Salz
Pfeffer aus der Mühle

Die Bohnen in ein Sieb geben, abbrausen und gut abtropfen lassen. Die Zwiebel und den Knoblauch schälen und fein hacken. Die Chilischote längs aufschneiden, entkernen, waschen und klein schneiden.
Das Olivenöl in einer Pfanne erhitzen. Die Zwiebel, den Knoblauch und die Chilischote darin weich dünsten. Mit den Bohnen und dem Tomatensaft im Küchenmixer fein pürieren.
Den Koriander waschen, trockentupfen, die Blättchen abzupfen und fein hacken. Die Creme mit Salz und Pfeffer würzen und den Koriander unterrühren.

TIPP

Die Bohnencreme passt auch zu Fondue oder zu gegrilltem Fleisch. Sie lässt sich prima vorbereiten und hält sich in einem Schraubglas 2 Wochen im Kühlschrank.

Guacamole

1 mittelgroße Fleischtomaten (ca. 200 g)
1 kleine Zwiebel
1 frische rote Chilischote
3 reife Avocados
1 Limette
1/2 Bund glatte Petersilie
Salz
Pfeffer aus der Mühle

Die Fleischtomate überbrühen, häuten, halbieren, entkernen und das Fruchtfleisch in kleine Würfel schneiden. Die Zwiebel schälen und sehr fein hacken. Die Chilischote längs aufschneiden, entkernen, waschen und in sehr kleine Würfel schneiden.
Die Avocados längs halbieren, den Stein entfernen und das Fruchtfleisch mit einem Löffel aus der Schale lösen. Die Limette halbieren und den Saft auspressen. Die Avocados mit dem Limettensaft mit dem Stabmixer oder im Küchenmixer pürieren.
Tomaten, Zwiebel und die fein gehackte Chilischote unter das Avocadopüree rühren.
Die Petersilie waschen und trockentupfen. Die Blättchen abzupfen, fein hacken und unter die Creme mischen. Guacamole mit Salz und Pfeffer abschmecken.

Artischocken-Pesto

2 Dosen Artischockenherzen (Abtropfgewicht je 240 g)
2 Knoblauchzehen
1/2 Bund Petersilie
3 EL Pinienkerne
3 EL Olivenöl
Salz
Pfeffer aus der Mühle
1 EL Zitronensaft
1 TL abgeriebene Zitronenschale (unbehandelt)
4 EL frisch geriebener Pecorino

Die Artischockenherzen auf einem Sieb abtropfen lassen. Den Knoblauch schälen. Die Petersilie putzen, waschen, trockenschütteln und grob zerschneiden.
Die Artischockenherzen mit dem Knoblauch, der Petersilie, den Pinienkernen und dem Olivenöl im Küchenmixer pürieren. Das Artischockenpüree mit Salz, Pfeffer, Zitronensaft und -schale würzen. Zum Schluss den Pecorino unterrühren.

Robiola-Tomatencreme

1 Glas getrocknete Tomaten in Öl (Inhalt 340 g)
2 Knoblauchzehen
1 frische Chilischote
150 g Robiola (italienischer Frischkäse)
4 EL Aceto Balsamico
Salz
Pfeffer aus der Mühle
1 Bund Basilikum

Die getrockneten Tomaten in ein Sieb abgießen und dabei das Öl auffangen. Den Knoblauch schälen. Die Chilischote halbieren, entkernen und waschen.
Die getrockneten Tomaten mit dem Robiola, dem Knoblauch und der Chilischote im Küchenmixer fein pürieren und in eine Schüssel füllen. Das Tomatenöl nach und nach unterrühren. Das Pesto mit Balsamico-Essig, Salz und Pfeffer würzen.
Das Basilikum waschen und trockentupfen, die Blättchen abzupfen, grob hacken und untermischen.

Thunfischaufstrich

2 Dosen Thunfisch im eigenen Saft (Abtropfgewicht je 135 g)
1 kleine Zwiebel
1 Knoblauchzehe
3 EL Crème fraîche
Salz
Pfeffer aus der Mühle
1 TL Zitronensaft
1 Bund Basilikum

Den Thunfisch in ein Sieb abgießen und abtropfen lassen. Die Zwiebel und den Knoblauch schälen. Mit dem Thunfisch und der Crème fraîche mit dem Stabmixer oder im Küchenmixer fein zerkleinern. Mit Salz, Pfeffer und Zitronensaft würzen.
Das Basilikum waschen und trockentupfen, die Blättchen abzupfen, hacken und unter den Aufstrich mischen.

Möhren-Schnittlauch-creme

1 große Möhre
1/2 Bund Schnittlauch
200 g Doppelrahm-Frischkäse
2 EL Crème fraîche
Salz
Pfeffer aus der Mühle
1 Msp. Cayennepfeffer

Die Möhre putzen, schälen und fein raspeln. Den Schnittlauch waschen, trockenschütteln, in feine Röllchen schneiden und untermischen. Den Doppelrahm-Frischkäse mit der Crème fraîche und dem Zitronensaft unterrühren. Die Creme mit Salz, Pfeffer und Cayennepfeffer würzen.

Avocado-Kressecreme

2 reife Avocados
Saft von 1/2 Zitrone
1 Knoblauchzehe
250 Speisequark (20 %)
Salz
weißer Pfeffer aus der Mühle
1 Msp. Cayennepfeffer
1 Kästchen Kresse

Die Avocados längs halbieren und den Stein entfernen. Das Fruchtfleisch mit einem Löffel herauslösen und sofort mit Zitronensaft beträufeln. Den Knoblauch schälen und mit dem Avocadofruchtfleisch und dem Quark mit dem Stabmixer oder im Küchenmixer pürieren. Mit Salz, Pfeffer und Cayennepfeffer würzen.
Die Kresse abbrausen, die Blättchen abschneiden und unter die Creme mischen.

Schafskäsecreme mit Oliven

1 Knoblauchzehe
250 g griechischer Schafskäse
2 EL Crème fraîche
1 EL Zitronensaft
Salz
Pfeffer aus der Mühle
50 g schwarze Oliven (ohne Stein)
1 Prise getrockneter Oregano

Den Knoblauch schälen. Den Schafskäse mit der Crème fraîche, dem Knoblauch und dem Zitronensaft mit dem Stabmixer oder im Küchenmixer pürieren. Mit Salz und Pfeffer würzen. Die Oliven grob hacken und mit dem Oregano unter die Creme mischen.

Kokosbrot mit Rum

(Rezept Seite 102)

Scharfe Paprikacreme mit Chili

2 rote Paprikaschoten
1 frische rote Chilischote
1 kleine Zwiebel
300 g Frischkäse
3 EL Sahne
Salz
Pfeffer aus der Mühle
1 TL edelsüßes Paprikapulver

Die Paprikaschoten und die Chilischote putzen, entkernen, waschen und in sehr kleine Würfel schneiden. Die Zwiebel schälen und fein hacken. Den Frischkäse mit der Sahne cremig rühren. Die Zwiebel und die Paprikawürfel untermischen. Den Aufstrich mit Salz, Pfeffer und Paprikapulver kräftig würzen.

Eieraufstrich mit Kapern

4 Eier
1 kleine Zwiebel
2 EL Kapern (aus dem Glas)
2 Sardellenfilets (aus dem Glas)
6 EL Mayonnaise (aus dem Glas)
1 EL mittelscharfer Senf
Salz
Pfeffer aus der Mühle

Die Eier 10 Minuten hart kochen, eiskalt abschrecken, pellen und auskühlen lassen. Die Zwiebel schälen, fein hacken und in eine Schüssel geben. Die Kapern abtropfen lassen, ebenso wie die Sardellenfilets fein hacken und hinzufügen. Die Eier in kleine Würfel schneiden und unterheben. Die Mayonnaise mit dem Senf verrühren und untermischen. Den Eieraufstrich mit Salz und Pfeffer würzen.

Kräuter-Knoblauch-Aufstrich

400 g Frischkäse
1 EL Olivenöl
1 TL Zitronensaft
5 Knoblauchzehen
Salz
Pfeffer aus der Mühle
je 1 Bund Petersilie,
Basilikum und Dill

Den Frischkäse mit dem Olivenöl und dem Zitronensaft in einer Schüssel verrühren. Den Knoblauch schälen und dazupressen. Alles mit Salz und Pfeffer würzen.
Die Kräuter waschen und trockentupfen. Die Blättchen bzw. die Dillspitzen abzupfen, fein hacken und unter die Käsecreme rühren.

Makrelen-Meerettich-Creme

1 Bund Dill
1 große geräucherte Makrele
2 TL Zitronensaft
1 TL Meerrettich (aus dem Glas)
Salz
Pfeffer aus der Mühle

Den Dill waschen und abtrocknen. Die Spitzen abzupfen und fein hacken.
Die Makrele von Haut und Gräten befreien. Im elektrischen Zerhacker oder im Küchenmixer mit dem Zitronensaft und dem Meerrettich fein pürieren. Das Fischpüree durch ein Sieb streichen und mit Salz und Pfeffer würzen. Den gehackten Dill unterrühren.

Lachscreme mit Senf

250 g Räucherlachs
200 g Frischkäse
Saft von 1/2 Zitrone
1 EL süßer Senf
1 Bund Dill
Salz
Pfeffer aus der Mühle

Den Räucherlachs mit dem Frischkäse, dem Zitronensaft und dem Senf im Küchenmixer pürieren.
Den Dill waschen, die Spitzen abzupfen, fein hacken und unter die Lachscreme rühren. Mit Salz und Pfeffer abschmecken.

TIPP

Anstelle von Räucherlachs können Sie auch geräucherte Makrele, Forelle oder Heilbutt verwenden.

Roquefortcreme mit Pistazien

150 g Roquefort
50 g weiche Butter
Pfeffer aus der Mühle
1 Prise frisch geriebene Muskatnuss
2 EL Pistazien

Den Roquefort mit einer Gabel fein zerdrücken, dabei die weiche Butter untermischen. Die Creme mit Pfeffer und Muskatnuss würzen. Die Pistazien hacken und unterrühren.

Putenrillettes

3 Putenschnitzel (à ca. 150 g)
100 g Räucherspeck am Stück
1 Zwiebel
1 Knoblauchzehe
1 TL Öl
Salz
Pfeffer aus der Mühle
1 Msp. Cayennepfeffer
1/2 Bund Schnittlauch

Die Putenschnitzel waschen, trockentupfen und in Streifen schneiden. Den Speck von der Schwarte befreien und in kleine Würfel schneiden. Die Zwiebel und den Knoblauch schälen und fein hacken.
Das Öl in einer Pfanne erhitzen und den Speck darin langsam ausbraten. Die Zwiebel und den Knoblauch dazugeben und andünsten. Die Putenstreifen untermischen, mit Salz, Pfeffer und Cayennepfeffer würzen und zugedeckt ca. 10 Minuten garen. Vom Herd nehmen und abkühlen lassen.
Die Masse im Küchenmixer pürieren. Den Schnittlauch waschen, trockentupfen, in feine Röllchen schneiden und unterrühren. Rillettes mit Salz und Pfeffer abschmecken.

Entenlebercreme mit Cognac

300 g Entenleber
2 EL Öl
1 kleine Knoblauchzehe
Salz
Pfeffer aus der Mühle
2 EL Cognac
100 g weiche Butter
1/2 Bund Schnittlauch

Die Entenleber waschen, trockentupfen und in Stücke schneiden. Das Öl in einer Pfanne erhitzen und die Entenleber darin 6 Minuten rundum kräftig anbraten. Den Knoblauch schälen und dazupressen. Die Leber mit Salz und Pfeffer würzen. Mit Cognac ablöschen und abkühlen lassen.
Entenleber mit dem Bratensaft im Küchenmixer pürieren. Das Entenleberpüree mit der weichen Butter gründlich verrühren und mit Salz und Pfeffer abschmecken. Den Schnittlauch waschen, abtrocknen, in feine Röllchen schneiden und untermischen.

Räucherfischmousse

1 Schalotte
1 TL Olivenöl
300 g geräucherter Schellfisch
1 Thymianzweig
2 EL Zitronensaft
Salz
Pfeffer aus der Mühle

Die Schalotte fein hacken. Das Olivenöl in einer kleinen Pfanne erhitzen und die Schalotte darin weich dünsten, vom Herd nehmen und abkühlen lassen.
Den Schellfisch von Haut und Gräten befreien. Thymian waschen, trockentupfen und die Blättchen abzupfen.
Schellfisch mit den Thymianblättchen und dem Zitronensaft im Küchenmixer pürieren. Das Fischpüree durch ein Sieb streichen, die Schalotten unterrühren und die Mousse mit Salz und Pfeffer würzen.

Auberginen-Tofu-Dip

1 kleine Aubergine (ca. 350 g)
Salz
Pfeffer aus der Mühle
1/2 Bund Petersilie
150 g Räuchertofu
1 TL Zitronensaft

Den Backofen auf 250° C vorheizen. Die Aubergine putzen, waschen, längs vierteln und auf ein Backblech legen. Mit Salz und Pfeffer würzen. Aubergine im Backofen 30 Minuten garen.
Die Petersilie waschen und trockentupfen. Die Blättchen abzupfen und fein hacken. Die Aubergine aus dem Backofen nehmen, etwas abkühlen lassen und das Fruchtfleisch aus der Schale lösen. Auberginenfruchtfleisch mit dem Räuchertofu im Küchenmixer pürieren.
Die gehackte Petersilie untermischen und die Creme mit Salz, Pfeffer und Zitronensaft abschmecken.

Thunfisch-Dip

1 Schalotte
1 Knoblauchzehe
1/2 Bund Dill
1 Dose Thunfisch in Öl
(Abtropfgewicht 135 g)
1 TL Zitronensaft
Salz
Pfeffer aus der Mühle

Die Schalotte und den Knoblauch schälen und fein hacken. Den Dill waschen und trockentupfen, die Spitzen abzupfen und ebenfalls fein hacken.

Den Thunfisch auf einem Sieb gut abtropfen lassen. Thunfisch mit dem Zitronensaft mit dem Stabmixer fein pürieren.

Die Schalotte, den Knoblauch und den Dill unterrühren. Den Thunfisch-Dip mit Salz und Pfeffer würzen.

Champignoncreme

250 g Champignons
Salz
Pfeffer aus der Mühle
1/2 Bund Schnittlauch
100 g Magerquark
1 Msp. Cayennepfeffer

Die Champignons putzen, mit Küchenpapier trocken abreiben und in kleine Würfel schneiden. In einer beschichteten Pfanne ohne Fett dünsten, bis die Flüssigkeit fast völlig verdampft ist und mit Salz und Pfeffer würzen. Die Pilze vom Herd nehmen und abkühlen lassen.
Den Schnittlauch waschen, trockentupfen und in feine Röllchen schneiden. Die Pilze mit dem Schnittlauch und dem Magerquark in einer Schüssel gut verrühren. Mit Salz, Pfeffer und Cayennepfeffer würzen.

Hähnchen-Apfelaufstrich

2 Hähnchenbrustfilets
(ca. 250 g)
1 Zwiebel
1 mittelgroßer Apfel
Saft von 1/2 Zitrone
1 Prise mittelscharfes
Paprikapulver
Salz
Pfeffer aus der Mühle

Die Hähnchenbrustfilets waschen und trockentupfen. Das Fleisch in schmale Streifen schneiden und in einen Topf geben. Die Zwiebel schälen, grob hacken und hinzufügen.
Den Apfel schälen, vierteln, vom Kerngehäuse befreien und in Stücke schneiden. Apfelstücke mit dem Zitronensaft beträufeln und in den Topf geben. Alles knapp mit Wasser bedecken, langsam aufkochen und 10 Minuten köcheln lassen. In ein Sieb abgießen und sehr gut abtropfen lassen.
Die Masse mit dem Stabmixer oder im Küchenmixer fein zerkleinern. Den Aufstrich mit Paprika, Salz und Pfeffer würzen.

Verwandlungskünstler: Feine Rezepte mit Brot

Bayrische Brotsuppe

Für 4 Personen:
200 g Bauernbrot vom Vortag
1 große Zwiebel
2 EL Butter
1 l Gemüsebrühe
Salz
Pfeffer aus der Mühle
1 Prise frisch geriebene Muskatnuss
1/2 Bund Schnittlauch

Das Brot entrinden und in Würfel schneiden. Die Zwiebel schälen und fein hacken.
Die Butter in einem breiten Topf erhitzen und die Zwiebeln darin glasig dünsten. Die Brotwürfel hinzufügen und kurz anbraten. Die Gemüsebrühe angießen und mit Salz, Pfeffer und Muskatnuss würzen. Die Brotsuppe 10 Minuten köcheln lassen.
Den Schnittlauch waschen, trockentupfen und in feine Röllchen schneiden. Die Suppe auf vier Teller oder Tassen verteilen und mit den Schnittlauchröllchen bestreuen.

Gemüse-Brotsuppe

Für 4 Personen:
1 große Zwiebel
2 EL Butter
200 g Schwarzbrotreste
1,25 l Gemüsebrühe
2 dünne Lauchstangen
250 g Möhren
4 EL Crème fraîche
1/2 Bund Schnittlauch
Salz
Pfeffer aus der Mühle
frisch geriebene Muskatnuss

Die Zwiebel schälen und fein hacken. Die Butter in einem Topf erhitzen und die Zwiebel darin andünsten. Das Schwarzbrot hinzufügen. Die Brühe angießen, langsam aufkochen und 30 Minuten bei schwacher Hitze ziehen lassen.
Den Lauch putzen, waschen und in feine Ringe schneiden. Die Möhren putzen, schälen und in kleine Würfel schneiden.
Das aufgeweichte Brot mit dem Stabmixer fein pürieren, dabei die Crème fraîche unterrühren. Lauch und Möhrenwürfel hinzufügen und alles knapp 10 Minuten köcheln lassen.
Den Schnittlauch waschen, trockentupfen und in feine Röllchen schneiden. Die Suppe mit Salz, Pfeffer und Muskatnuss würzen und den Schnittlauch unterrühren.

TIPP

Nach Belieben mit geriebenem Käse bestreut servieren.

Knoblauch-Petersilien-suppe

Für 4 bis 6 Personen:
500 g Weißbrot vom Vortag
8 EL Olivenöl
2 Knoblauchknollen
1 TL edelsüßes Paprika-pulver
Salz
Pfeffer aus der Mühle
1,5 l Gemüse- oder Fleischbrühe
2 Bund glatte Petersilie

Das Weißbrot in kleine Würfel schneiden. Das Olivenöl in einem großen Topf erhitzen und die Weißbrotwürfel darin bei mittlerer Hitze goldbraun rösten. Den Knoblauch schälen und in dünne Scheiben schneiden. Zum Weißbrot geben und goldgelb anbraten. Mit dem Paprikapulver bestreuen, salzen und pfeffern.
Die Brühe angießen, aufkochen und etwa 20 Minuten zugedeckt köcheln lassen.
Die Petersilie waschen, trockentupfen, die Blättchen abzupfen und fein hacken. Die Suppe abschmecken und falls nötig nachwürzen. Die Petersilie unterrühren.

Semmelknödel

Für 4 Personen:
300 g Weißbrot vom Vortag
knapp 250 ml Milch
1 Bund glatte Petersilie
1 Zwiebel
1 TL Butter
4 Eier
Salz
Pfeffer aus der Mühle

Das Weißbrot in möglichst dünne Scheiben schneiden und in eine Schüssel geben. Die Milch erwärmen, darüber gießen und 15 Minuten ziehen lassen.
Die Petersilie waschen, trockentupfen, die Blättchen abzupfen und fein hacken. Die Zwiebel schälen und ebenfalls fein hacken. Die Butter in einer Pfanne erhitzen. Zwiebel und Petersilie darin dünsten, bis die Zwiebel weich ist. Die Pfanne vom Herd nehmen.
Die Eier verquirlen, mit Salz und Pfeffer würzen und die Zwiebelmischung unterrühren. Eier über das eingeweichte Brot gießen, gut mischen und mit Salz und Pfeffer abschmecken.
In einem großen Topf reichlich Salzwasser aufkochen. Aus der Brotmasse mit angefeuchteten Händen etwa tennisballgroße Knödel formen, ins kochende Wasser legen und bei schwacher Hitze etwa 15 Minuten ziehen lassen. Mit einer Schaumkelle herausnehmen und abtropfen lassen.

TIPP

Semmelknödel schmecken zu Bratengerichten mit Sauce, zu Gulasch, Ragouts, und besonders gut zu Pilzragout.

Toskanischer Brotsalat

Für 4 Personen:
400 g Weißbrot vom Vortag
2 EL Aceto Balsamico
3 EL Rotweinessig
750 g Fleischtomaten
1 mittelgroße Zwiebel
3 Knoblauchzehen
100 ml Olivenöl
Salz
Pfeffer aus der Mühle
1 Bund Basilikum

Das Weißbrot in Würfel schneiden und in eine Schüssel füllen. Den Balsamico-Essig, 1 EL Rotweinessig und 2 EL Wasser verrühren und über das Brot träufeln. Weißbrot zugedeckt 10 Minuten ziehen lassen.

Die Tomaten waschen, halbieren, entkernen und in kleine Würfel schneiden. Tomatenwürfel zum Brot geben.

Die Zwiebel und den Knoblauch schälen, fein hacken und mit den restlichen Zutaten mischen. Den restlichen Rotweinessig mit dem Olivenöl, etwas Salz und Pfeffer zu einer cremigen Salatsauce verrühren. Salatzutaten gut mit der Sauce mischen und 10 Minuten ziehen lassen.

Das Basilikum waschen und trockentupfen, die Blättchen abzupfen, grob hacken und unter den Salat heben. Den Brotsalat vor dem Servieren noch einmal abschmecken und falls nötig nachwürzen.

Hähnchen mit Brot-Gemüsefüllung

Für 4 Personen:
250 g Weißbrot vom Vortag
2 bratfertige Hähnchen (à ca. 1 kg)
Salz
Pfeffer aus der Mühle
1 TL mittelscharfes Paprikapulver
150 g Zucchini
1 große Zwiebel
2 Knoblauchzehen
2 EL Öl
2 Eier
2 TL frischer oder getrockneter Thymian
Öl für das Backblech
4 EL Butter

Das Brot grob zerschneiden und in lauwarmem Wasser einweichen. Die Hähnchen unter kaltem Wasser abspülen, trockentupfen und innen und außen mit Salz, Pfeffer und Paprikapulver einreiben.

Den Backofen auf 200° C vorheizen. Die Zucchini putzen, waschen und grob raspeln. Die Zwiebel und den Knoblauch schälen und fein hacken. Das Öl in einer großen Pfanne erhitzen. Zwiebeln und Knoblauch darin andünsten. Die Zucchiniraspel untermischen und 5 Minuten dünsten, bis fast die gesamte Flüssigkeit verdunstet ist. Das Gemüse vom Herd nehmen und etwas abkühlen lassen.

Das Brot gut ausdrücken und mit den Eiern in eine Schüssel geben. Die Zucchinimischung hinzufügen. Mit den Knethaken des Handrührers oder den Händen gut mischen und mit Salz, Pfeffer und Thymian kräftig würzen.

Die Füllung in den Hähnchen verteilen. Die Öffnungen mit Küchengarn zunähen oder mit kleinen Holzspießen zustecken. Die Hähnchen dressieren, das heißt, die Flügel und die Beine mit Küchengarn zusammenbinden.

Einen großen Bräter oder ein tiefes Backblech einölen und die Hähnchen mit der Brustseite nach oben hineinlegen. Die Butter zerlassen und die Hähnchen damit bestreichen.
Den Backofen auf 180° C zurückschalten und die Hähnchen 1 Stunde und 15 Minuten auf der mittleren Schiene braten, dabei einmal wenden und mehrmals mit Fett bestreichen. Die Hähnchen im ausgeschalteten Backofen noch 10 Minuten ziehen lassen, damit sich der Fleischsaft sammeln kann. Mit der Geflügelschere zerteilen und anrichten.

Herzhafter Brot-Käseauflauf

Für 4 Personen:
500 g Weißbrot vom Vortag
3 EL Butter
Salz
Pfeffer aus der Mühle
1 TL edelsüßes Paprikapulver
250 ml Brühe
2 Zwiebeln
1 Bund Petersilie
5 Eier
250 g Sahne
150 g frisch geriebener Emmentaler (oder anderer kräftiger Käse)

Das Weißbrot in etwa 1 cm dicke Scheiben schneiden. Eine Auflaufform mit 1 EL Butter einfetten. Die Brotscheiben dachziegelartig hineinschichten. Mit Salz, Pfeffer und Paprika kräftig würzen. Den Backofen auf 220° C vorheizen. Die Brühe erwärmen und gleichmäßig auf die Brotscheiben träufeln, damit sie sich gut vollsaugen können. Die Zwiebel schälen und in kleine Würfel schneiden. Die Petersilie waschen, trockentupfen, die Blättchen abzupfen und fein hacken. Die restliche Butter in einer Pfanne erhitzen und die Zwiebeln darin weich dünsten. Die Petersilie untermischen und kurz mitdünsten. Die Mischung auf den Brotscheiben verteilen.
Die Eier mit der Sahne verquirlen und den Käse unterrühren. Die Eiersahne gleichmäßig über die Brotscheiben gießen. Den Auflauf im vorgeheizten Backofen auf der mittleren Schiene 25 bis 30 Minuten goldgelb überbacken.

Hackfleisch-Gratin mit Croutons und Gemüse

Für 4 Personen:
250 g Brot vom Vortag
5 EL Olivenöl
3 Frühlingszwiebeln
1 rote Paprikaschote
1 große Fleischtomate
500 g gemischtes Hackfleisch
2 Knoblauchzehen
Salz
Pfeffer aus der Mühle
1 Prise Rosenpaprika
2 Eier
Fett für die Form
100 g frisch geriebener mittelalter Gouda

Das Brot in Würfel schneiden. In einer großen Pfanne 3 EL Olivenöl erhitzen und die Brotwürfel darin kross braten. Beiseite stellen und abkühlen lassen.

Die Frühlingszwiebeln putzen, waschen und in schmale Ringe schneiden. Die Paprikaschote putzen, entkernen, waschen und in kleine Würfel schneiden. Die Fleischtomate überbrühen, häuten, halbieren, entkernen und ebenfalls in kleine Würfel schneiden.

Das restliche Olivenöl in einer großen Pfanne erhitzen und das Hackfleisch darin anbraten. Den Knoblauch schälen und dazupressen. Die Frühlingszwiebeln und die Tomaten- und Paprikawürfel unter das Hackfleisch mischen. Das Gemüse 5 Minuten dünsten. Mit Salz, Pfeffer und Paprikapulver würzen und etwas abkühlen lassen.

Den Backofen auf 200° C vorheizen. Die Eier unter die Hackfleischmasse rühren und die Croutons unterheben. Eine Gratinform einfetten und die Masse hineinfüllen. Mit dem geriebenen Käse gleichmäßig bestreuen. Das Gratin im vorgeheizten Backofen auf der mittleren Schiene 20 bis 25 Minuten überbacken bis der Käse geschmolzen ist.

Früchtebrot-Quark-Dessert

Für 4 Personen:
4 EL Rosinen
3 EL Cognac
6 Scheiben Früchtebrot vom Vortag
3 EL Butter
2 EL Zucker
1 TL gemahlener Zimt
100 g Zartbitter-Schokolade
4 EL gehackte Haselnüsse
500 g Sahnequark
150 g Sahne

Die Rosinen mit dem Cognac beträufeln und kurz ziehen lassen. Das Früchtebrot in Würfel schneiden. Die Butter in einer Pfanne zerlassen und die Brotwürfel darin kross braten. Dabei mit Zucker und Zimt bestreuen, vom Herd nehmen und abkühlen lassen.
Die Schokolade im elektrischen Zerhacker fein zerkleinern. Vier Teelöffel Schokolade beiseite stellen. Die restliche Schokolade mit den Haselnüssen, den marinierten Rosinen und dem Sahnequark mischen.
Die Sahne steif schlagen. Die Brotwürfel abwechselnd mit der Quarkcreme in Dessertschalen schichten. Auf jede Portion ein Sahnehäubchen setzen und mit der restlichen geriebenen Schokolade bestreuen.

Englischer Brotpudding

Für 4 Personen:
Fett für die Form
8 Scheiben süßes Brot oder Weißbrot (ca. 1/2 cm dick)
50 g Butter
100 g Rosinen
750 ml Milch
1 Vanilleschote
100 g Zucker
abgeriebene Schale von 1/2 Zitrone (unbehandelt)
1 Prise frisch geriebene Muskatnuss
4 Eier
Puderzucker zum Bestäuben

Eine große Auflaufform einfetten. Die Brotscheiben mit der Butter bestreichen und dachziegelartig in die Form schichten. Dabei die Hälfte der Rosinen zwischen die Brotscheiben, den Rest darauf streuen.

Die Milch in einem Topf aufkochen. Die Vanilleschote längs aufschneiden, mit dem Zucker, der Zitronenschale und der Muskatnuss in die Milch geben und 10 Minuten bei schwacher Hitze ziehen lassen.

Den Backofen auf 160° C vorheizen. Die Eier in einer Schüssel verquirlen. Die heiße Milch durch ein feines Sieb dazugießen und leicht verquirlen. Die Eiermilch langsam in die Auflaufform gießen, bis das Brot die Flüssigkeit fast ganz aufgesaugt hat.

Den Brotpudding 1 Stunde im vorgeheizten Backofen auf der mittleren Schiene garen. Vor dem Servieren mit Puderzucker bestäuben.

Brottorte mit Äpfeln

500 g Äpfel
Saft von 1/2 Zitrone
125 g Butter
150 g Zucker
4 Eier
125 g gemahlene Haselnüsse
1 TL abgeriebene Zitronenschale (unbehandelt)
1 TL gemahlener Zimt
300 g Brotbrösel
2 TL Backpulver
2 cl Obstschnaps
Fett für die Form

Die Äpfel schälen, vierteln, vom Kerngehäuse befreien und in kleine Würfel schneiden. Sofort mit dem Zitronensaft beträufeln.
Den Backofen auf 180° C vorheizen. Die Butter mit dem Zucker und den Eiern mit dem Handrührer schaumig schlagen. Die Haselnüsse mit der abgeriebenen Zitronenschale und dem Zimt hinzufügen. Die Brotbrösel und das Backpulver mischen und mit dem Obstschnaps unterrühren. Die Apfelwürfel unterheben.
Eine Springform einfetten und die Masse hineinfüllen. Die Brottorte im vorgeheizten Backofen auf der mittleren Schiene ca. 1 Stunde backen.

Alphabetisches Rezeptregister

Rezeptverzeichnis nach Sachgruppen

Beliebte Klassiker

Internationale Spezialitäten

Leckere Gemüsebrote

Süße Köstlichkeiten

Raffinierte Aufstriche

Feine Rezepte mit Brot